魏明毅

静かな基隆港

埠頭労働者たちの昼と夜

黒羽夏彦訳

みすず書房

靜寂工人

碼頭的日與夜

魏明毅

Sponsored by Ministry of Culture, Republic of China (Taiwan).

静かな基隆港《キールン》——埠頭労働者たちの昼と夜　目次

プロローグ　面談室からフィールドへ

■人類学徒になる前のこと

誰かが自分のことをカウンセラーや心理士と呼んだり紹介したりするたびに、私の頭の動きはいつも数秒間止まってしまう。十数年来、自分と結びつけられてきたこうした呼び方には、ずっと馴染めないままだ。

「現代的」な見方からすると、このような心構えはプロとは言えないのかもしれない。心理師法の可決前、まだいわゆる「免許」がなかった頃[*1]に、私のような昔気質《かたぎ》の人間がこの仕事をやろうと一念発起した最大の理由は、人生の多くを占めることになる長い仕事の時間を特定の個人のために注ぎ込みたいと思ったからだった。特別にしつらえられた小部屋のなかで、目の前にいるその人のことだけを考え、こうした空間と人間関係によって、彼／彼女が苛《さいな》まれている苦しみから別の場所へと連れ出してあげられると期待していた。このような仕事の情景を想像していたのは、決して自分に特別な魔法があると幻想していたからではない。むしろ、もしかつての自分自身にもそのように真摯に、ひたむきに向き合ってくれる人がいたならば、私の味わう苦しみもそれほど大きくはならなかったかもしれないと、心ひそかに考えていたからだと言うほうが正しいだろう。

時間が積み重なるにつれて、「断ってしまったら、その人を見捨てたも同然だ」という考えに囚われるようになり、私は長年ずっとオーバーワークだった。面談は一時間ごとにいっぱいに詰まっていた。とりわけこの十年は、面談以外にも、研修生に向けてトレーニングや講義をする時間が増えていた。仕事を終えるたびに、私は自分の体が長期にわたる過労から発するメッセージを、はっきりと感じ取っていた。

ただ、あの頃の私は、仕事をしているあいだはずっと気力がみなぎっていた。あのヴァイタリティーは決して自分を抑え込んだり無理やり奮い立たせたりすることで湧き起こったものではなかったし、強力な自己暗示や催眠によるものでもなく、むしろはじめに言った「昔気質」と関係している――トレーニングや講義を終えたり、面談室でクライアントにさよならと挨拶したりするたびに、私はこの世の苦難を多少なりとも減らすことができたはずだと、いつも心の底から思っていた。

■見知らぬ場所に入り込む

さらに多くの時間を捻出するため、私は一日ごとのタイムスケジュールを細かく計算した。毎年のカレンダーには朝から夜までびっしりと仕事の予定が書き込んであった。一時間単位で毎日の午前、午後、夜間を細かく区切り、それぞれ違った場所、テーマ、クライアントを書き入れた。連れ合いが私のために用意してくれた弁当は、いつも車で次の仕事先へ急ぐ途中、信号待ちのあいだに慌ただしくかき込んでいた。

ところが、このようにして何年も過ぎても、面談室のドアを開ける人は、私の奮闘にもかかわらず、減るわけではなかった。世の中の苦難は毛ほども消えていないようで、かえってさらに多くの人たちが面談室を頻繁に出入りするようになった。面談室を出て、六、七十キロも離れた場所へ行くことも増え、さらに山を越えた向こう側にある学校や協会、NPOなどを訪ねることもあった。そこでは図らずも、心が大きく揺さぶられながらも結局はただ静かに見守ることしかできない多くの出来事を見聞きすることになった。老人から子どもまでさまざまな人と出会い、都会から山村までさまざまな場所へ行ったが、一人また一人と会うたびに出くわすのは苦痛ばかりであり、しかも死の気配をまとっているのが常であった。

私はまるで、自分の故郷にいながら、見知らぬ場所へさまよいこんだかのようだった。外へ出れば出るほど気持ちは焦り、同時に、自分自身があまりにも小さな存在で、ほとんど何もできないことに気づくようになった。私はさらに仕事の時間を延ばした。あたかも目の前のことに没頭しさえすれば、顔を上げてこの世を埋めつくす無数の傷口を見ずにすむ、というかのように。それからの六、七年間、私は自分を毎日午前九時から夜九時までの労働時間に嵌め込んで、週六日半働いた。

だが、不安や困惑はいっそう膨れあがり、やがて私の仕事と日常生活とに直接影を落とすようになった。面談であろうと、トレーニングや講義であろうと、私はだんだんと仕事に専念できなくなり、暖かく快適な面談室やきれいで明るい講義室には安んじていられなくなった。目の前にいるクライアントを押しのけて、彼／彼女の背後に広がっている世界に向けて問いただしたいという気持ちが、もはや抑えきれなくなっていた——ここでは、そして無数のあちらの世界では、いったい何が起こっているというのか？

私は長い年月のなかでさまざまな地方都市や組織を渡り歩き、表面的には、数えきれないほど多くのソーシャルワーカーやクライアントと接してきた。しかし、心の奥底ではむしろ単独行動を好み、異常なほどに孤独癖がある私には、一緒に議論ができる友人や仲間はあまりおらず、ほかの人が自分と似たような不安や困惑を経験したことがあるのかどうか、知る術《すべ》はなかった。私にとっては、大学へ戻って学びなおすことが、最も古典的ながら、その時点で差し当たって取りうる、答えを追い求めるための唯一の方法だった。自身を他者の日常のなかへと投げ込み、無知の状態に身を置くことで、本当の意味において他者へ接近して理解しようとする人類学という学問は、私にとっては、落ちた海で見つけた浮木のようなものだった。

それから私は心を鬼にして、あらゆる新規の仕事の依頼を断る練習を始める。二〇〇八年、差し当たり区切りをつけられるすべての仕事を一つずつ終わらせたあと、私は筆記試験と面接に受かって、関門を一つずつくぐり抜けながら大学へと戻った。齢《よわい》も四十近くになって、再び救いをつかみ取りたいと痛切に願っていた。これまで内在的な問題を探求してきたのとは違って、今度は自分では熟知しているつもりになっているところから離れ、目の前の人の背後に広がる見知らぬ異郷へと、自身を投げ込まなければならない。私は人類学を身につけ、しっかりと外の世界を見たうえで、日常生活へと戻り、そして答えたかった。どのような境遇が、命ある者に死への決意——肉体的な死と精神的な死とにかかわらず——を固めさせる触媒作用を引き起こしてしまうのか、という問いに。

そうして私は入学前には自殺を研究テーマとすることに決め、その後、基隆《キールン》をフィールドとして「自殺通報案件ケア観察プロジェクト」の訪問対象者と訪問員のコミュニティーを研究対象にしようと決めた(1)。しかし、熱意は結局のところただの熱意にすぎず、重要ではあっても、容易に結果が得られることを保証するものではなかった——二〇〇九年の夏休みにおこなったフィージビリティ（実行可能性）調査は、決して順調にはいかなかった。

■フィールドを駆けまわる

私がもともと行きたいと思っていた調査地は、ある複雑な地域的特性をもつ場所であったため、仮に必要な公的書類をすべて揃えたとしても、立ち入る許可は得られそうになかった。白紙答案を出すのは悔しいし、そうするつもりもなかったので、夏休みに入って二週間近く過ぎた頃、毎日詰めるはずだった公共機関やケアセンターを離れようと決めた。そして、当時すでに調査地で知り合っていた友人たちのなかへもぐり込むことにした。借りている部屋の大家さん、隣人、露天商、屋台の同じテーブルでたまたま居合わせた客、彼らの友達や家族、保険屋、小中学校の同窓生、以前の同僚や現在の同僚……そのなかで私は、こうした人々の仕事や生活が、基隆港という場所からほとんど不可分であることに気がついた。私は彼らの仕事場までついていき、彼らの歩く道を一緒に歩き、仕事やプライベートな家族の団欒《だんらん》の場まで入り込んで、友人や家族と交わす会話をそばで聞いたり、混ぜてもらったりした。彼らが私の研究や仕事や家族について抱く好奇心にも答えた。私は意味を問わず、分析もせず、ただひたすら会話の流れを追った。彼らが何を話すのか、できるかぎり聴き取ろうとした。そして、彼らがどんなところへ行き、どんな人と一緒で、どんなことを言って、どんなことについて語り合っていたのかを、できるかぎり記録した。

　夏休みが終わると、私は大学に戻った。バラバラになっていた筆記録や録音データ、写真を整理していたところ、驚くべきことに、私が知り合った人のほとんどが埠頭で働く三十五歳以上の男性であることに気がついた。このことは、私の最初の問題提起と関係しているように思われた。ただ、この発見は、当時収集できた情報というよりは、私個人の直感に基づいていた。私はまだ、一つの曖昧な糸口を探り当てたにすぎなかった。その糸をたぐっていくと、いったい何があるのだろう？　さらに多くの糸口が見えてくるだろうか？　それらは、私が調査に出る前に感じていた不安や困惑に答えてくれるものだろうか？

　再びフィールドへ戻る前に、私はずっと脳裏から離れなかった自殺というテーマをいったん保留することに決めた。港湾労働者[2]の生活の現場へと立ち返って、夏の調査で混乱のなかから探り当てたあの糸口をたぐり寄せてみたいと考えたのだ。そして、私という外部の人間が彼らの許しを得て、その生の世界を探り見、理解できたならと期待していた。

　二〇一〇年、私は書きなおした研究計画書を持って基隆へ戻り、ある港湾労働者の家に住み込んだ。そして、二十数人ものインフォーマント〔フィールド調査で研究者に情報を提供する人〕について、それぞれ異なる時間・場所・人間関係を出たり入ったりした――埠頭、作業員の控室、茶屋*2、海岸、小吃《シャオチー》（軽食）の店や屋台、貨物船内の倉庫（コンテナ船やバラ積み貨物船を含む）、家、トレーラー……。彼らがよいとさえ言えば、私はどこへでもついていった。

そこでは、昨夏の調査のときの質問を引き続き投げかけたのに加え、今回はさらに注意深く話を聞いたり、質問したりした。彼(ら)が話すとき、本当に伝えたいことは何なのか？　話さなかったことは何か？　なぜ話さないのか？　あるいは、彼(ら)は誰に向かって話すのか？　誰に向かっては話さないのか？　彼(ら)がどこへ行き、誰と一緒だったのかを記録するばかりでなく、彼(ら)はどこへ行かないのかも知りたい。誰と一緒であるかによって、行く場所も変わるのか？　どこにいるかによって、彼(ら)のすることに違いは生じるのか？　どんな話をしていたか？　それから、生活に変化が現れていたなら、それはどんなことか？　変化はどのような形で現れたのか？　彼(ら)はどのように変化を経験したのか？　そのほかにも、目の前にいる男性が、「彼」であるのか、それとも「彼ら」を代表しているのか？　彼(ら)は私に何を話し、何を話さないのか？　時間や場所が違えば、彼(ら)の話すこともまた違うのか？

いま、あなたが読もうとしているこのエスノグラフィーは、前後合わせて一年にも満たない期間のうちに、私があの場所でいくつかの糸口をたぐり寄せていくなかで遭遇することとなった実際の体験を記録したものである。

研究を終え、エスノグラフィーを書き終えたいま、ふり返り思う。彼らのあとについて駆けまわったあの八か月間、自分自身をある立場に置いて、話を聞かせてもらえるよう同意を取り付けることに成功し、またさまざまなシーンに立ち会う機会に恵まれたのはなぜなのか。その理由の一つは、私が長年にわたってカウンセラーの仕事をしながらつくりあげた「人の話を聞く」性格にあっただろう。だが、私自身としては、すでに中年に達した女性の老大学院生というキャラクターや雰囲気こそが、自分が彼らの生の世界に踏み込ませてもらえた主な要因だったのではないかと思っている。この点については、あなたがこのエスノグラフィーを読み終えたときに、どうして私がこのように推測したのか、きっと分かってもらえるはずだ。

■永遠のフィールド魂

人類学の学位を取り終えてからも、表面上は、私は以前と変わらない。あいかわらず各種のトレーニングや講義、カウンセリングの現場で翻弄されており、何ら変化は生じていないかのように見える。しかし実際には、変化は別の形で発生しており、ずっと持続している。基隆というフィールドにいたあの八か月あまり、そしてあの埠頭にいた労働者たちのおかげで、私は自分がもともと抱えていた不安や困惑の因って来《きた》るところがはっきりと分かった。しかしそれはまた、私のなかに新たな焦りや怒りを湧き起こさせることにもなった。こうした二種類の新たな心境は、悪くもあるし、良くもある。私個人の心理状態について言うなら、それらによって身も心も傷ついた。ただ、私の全体的な状態から見れば、それらがバネのようになって、へこたれないパワーと実践力を生み出している。

あれからというもの、大小さまざまな仕事でどのように駆けずりまわろうとも、私のカウンセラーという身分と役割にはいつも、二〇〇九年以降新たに芽生えはじめたフィールド魂が宿っている。ソーシャルワーカーの仲間たちがいまも最前線で奮闘しているのが気がかりでありながら、いま抱え込んでいる仕事から抜け出すわけにもいかない、そんな状況にあっても、カウンセリング以外の時間をつくって、不安や困惑を引き起こすそのほかの物事に向き合えるようになった。たとえば、このエスノグラフィーの出版がそうだし、あるいは都市部から離れた村で本屋を開いたりもした。こうした「ほかの物事」のすべてはフィールドでの体験の延長線上にある。そして、いまに至るまで続いている不安や困惑、焦りや怒りへ向けた、変化と行動の試みでもある。次に何をするかはまだ分からない。だがきっと、さらに多くの「ほかの物事」が展開してくるはずだ。

最後に言っておかねばならないことがある。基隆埠頭で出会った労働者たちのほとんどは、義侠心から私に自由に書かせてくれたものの、フィールドワーカーにはこのエスノグラフィーが彼らに迷惑をかけてしまわないようにする責任がある。したがって、本書に出てくる人名はすべて私がつけた仮名である。また、エスノグラフィーとしての真実性の担保とインフォーマントの保護のバランスを考慮したうえで、彼らのプライバシーを特定しうる部分についても書き換えた。それから、私がフィールド調査で収集した会話記録の大部分は台湾語であったが、言語の異なる読者への配慮から、極力もとの意味を留めるという前提のもと、台湾の大多数の人々にとって馴染みのある中国語に訳しかえた。*3

こうしたやむをえない事情から私によってしばし名前と顔を伏せられてしまった彼らであるが、そうした港湾労働者たちの姿から、そして本書に描かれた彼らの生の世界から、読者が気づきを得、力づけられることを心から願っている。

原注

(1) フィールド調査の場所を決める前に、私はまず行政院主計処による台湾各県市の自殺率の統計を調べた。当時、公表された年代の範囲で見ると、南投《ナントウ》と基隆は七、八年にわたって首位争いをしていた。南投は、私が大学のカウンセリング研究科修士課程の二年生の頃からずっと、さまざまな組織や学校、問題を抱えた家庭を毎週のように行き来しながら仕事をしてきた、故郷のような場所である。一方、基隆はまだ訪れたことがなく、馴染みのない都市であった。性別や失業率などのほかの統計データも併せてこの二つの場所を見たところ、基隆のほうが断然私にとって興味深く思えた。ただ、最終的に南投ではなく基隆を調査地に決めたのは、もっぱら個人的要因による。私は自分が長年にわたって「プロ」の心理カウンセラーとして仕事をしてきたことで、何でも分かったような気になってしまい、そのため知らず知らずのうちに我ながらぞっとするような高慢や偏見が生まれてしまっているのではないかと不安に思っていた。基隆は私にとっては見知らぬ土地であったので、自分を無知の状態に投げ込むことができると考えたのだ。

（2）　このエスノグラフィーでいう「港湾労働者／埠頭労働者」とは、埠頭を労働空間としている労働者を指す。ただし、公務員は埠頭にいたとしてもこれに含めていない。フィールド調査の対象としてインタビューした荷役労働者は、当時の現場における荷役会社の「正規」の人員だけを指しており、約半数を占める派遣会社の仲介で荷役会社へ来た派遣労働者は必ずしも含まれていない。また、後出の「コンテナ車の運転手」とは、現地において「名義貸し」で契約した運転手〔登記上は会社所属だが、実質的には自営業者の運転手。第1章原注1を参照〕であり、運送会社の社員の運転手ではない。

訳注

＊1　心理師法とは、臨床心理士および心理カウンセラーの資格や業務範囲、規制・監督等について定めた台湾の法律。二〇〇一年十一月に公布され、これにより上記の心理職が国家資格化された。

＊2　茶屋（原語：茶店仔）とは、一般的には茶を飲む店（いわゆる茶館）を指すが、ここでは喫茶そのものが目的ではなく、茶を飲みながらおしゃべりや情報交換をおこなう場という意味合いが強い。なかには女性が接待する店もあり、そうした場合に、通常の茶館を「清茶館」というのに対して、「茶店仔」と呼ばれる。「清茶館」については第3章訳注1を参照。

＊3　台湾語とは、台湾の福建系移民の母語である閩南《びんなん》語の別称である。台湾はエスニック構成が複雑な

社会であり、対岸の福建から来た移民の子孫が多数を占めている。現在は人口統計調査において省籍の区別がないので正確な数字は分からないが、二〇二一年の調査によると、福建系としてのアイデンティティーをもつ人の割合は全体の七〇・一パーセント、客家《ハッカ》系は一五・七パーセント、外省人（戦後に中国から台湾へ来た人およびその子孫）は五パーセント、先住民族は三パーセントとされている（「一一〇年全國客家人口暨語言基礎資料調査研究」客家委員会、二〇二二年、一二頁）。台湾が中華民国政府に接収されて以降、中国語が台湾の公用語とされ、公教育も中国語によっておこなわれてきたので、いまの若い世代には両親や祖父母の母語に馴染みのない者もいる。

第1章　基隆《キールン》の埠頭で

■清水《チンシュイ》の奥さん

二〇〇九年、冬のある日。小雨が降っている。まだ早朝三時にもならず、空は暗い。私と港湾労働者の阿順《アーシュン》はさっき西十八番埠頭を出て、いまは港の西岸の二十六番埠頭外の道の曲がり角のあたりに座っている。路傍の街灯の下には二軒の屋台が隣り合い、それぞれてきぱきとスープの用意をしている。

私たちは注文した魚のスープと黄乾麵《ホアンガンミエン》〔汁なし麵〕を待っていた。屋台のそばの空いているところに何台かのバイクが停められており、作業用ヘルメットをかぶり反射ベストを着た男性が三、四人、プラスチック椅子に座って静かに料理を待っていた。二軒の屋台のあいだは透明のビニールシートで仕切られ、二組の年頃の似た中年の男女が、麵、小皿料理、魚のスープといったどれも似たような朝食を売っていた。一方の屋台では、女性がガスコンロに火をつけてスープを温めながら屋台車の下から各種の調味料缶を取り出して並べ、男性はきびきびと屋台車のそばに机や椅子を並べて、パラソルや雨除けを立てている。もう一方の屋台はもっと早くに店開きしたらしく、準備はすでに整っていて、五十歳ぐらいの女性がもうもうと湯気を立てながら麵をゆでており、屋台車のすぐそばではゴム長靴を履いた男性が客に渡す釣り銭を準備している。

阿順や埠頭で働いているほかの友人たちから聞いたところによると、この二軒の屋台はもともと朝六時ごろに店を開けていたらしい。何年か前のある日の早朝のこと、片方の店が突如、まだ空も暗いうちから支度を始めた。それからというもの、双方が競うようにして開店時間を徐々に早めていき、二十元の汁なし麵の量もまた徐々に増えていった。そして何か月か前に、双方の店の男同士が、屋台そばの道路脇で殴り合いのケンカをした。屋台のあいだに透明のビニールシートを掛けて仕切るようになったのは、だいたいその頃からだという。

それらの屋台の斜め後ろはゆるやかな坂道になっており、丈《たけ》の低い百軒長屋が西岸埠頭と向かい合うようにして並んでいる。そのうち、中心となる通りの際《きわ》に建つセメント造の平屋には、もう明かりが灯《とも》っていた。道路側の小窓からは、ラジオの女性アナウンサーが電話をかけてきた男性リスナーと懐メロをデュエットしているのが聞こえてくる。そこは、西二十六番埠頭外で別の屋台を営んでいる清水《チンシュイ》の奥さん[*1]とその七十歳の夫・林清水《リンチンシュイ》が住む場所で、私がフィールド調査のあいだ下宿させてもらっている家でもあった。

この時間、林清水はまだ眠っている。彼が起きるまではまだ六、七時間ぐらいある。屋内から聞こえてくるのは清水の奥さんが小麦粉をこねながら聞いているラジオの音で、彼女も時折曲に合わせてハミングしている。清水の奥さんは腰をかがめ、あと三時間ほどしたら屋台で売ることになる焼売《シウマイ》の皮をこねていた。家の裏手の流しには、先に仕込んでおいた焼売の餡と、水に浸されてあとは挽かれて豆乳になるのを待つばかりの鍋いっぱいの大豆が置かれ、骨で出汁をとった肉片入りのスープもコトコト煮こまれている。

清水の奥さんと同じく、西二十六番埠頭で別の屋台を営んでいる人もまた、このあたりに住んでいる。当時、このエリアの土地は基隆港務局[*2]の所有で、住民には所有権はなく、ただ使用権があるだけだった。住民が勝手に家屋を建て替えるわけにはいかないので、そのほとんどは低層の古びた建築だった。一九六〇年代末から八〇年代にかけて、ここの住民の大半は港湾関係の仕事をしていた。通りに面して並ぶ家々では、それぞれ自分の住居の前、つまり幅二メートルもない路地を隔てた向かい側に二坪もないトタン造りのバラックを建て、その頃よその土地からひっきりなしに流れ込んできていた埠頭の男性労働者に貸し出していた。当時、二百メートルほどにわたって立ち並んでいたこの家屋群は、地元民とよそから来た労働者とでぎゅうぎゅうに埋まり、さらに何軒かの雑貨店もそのなかに混じって、さまざまな生活用品を売っていた。

しかし、一九九〇年代末になると、多くの住民が続々と基隆を離れていき、とりわけこの西岸に位置する住宅街ではその傾向が顕著となった。大多数の家屋が空き家になり、ひどいものは朽ちはじめていた。若い世代はみな台北へ移住し、わずかに数十戸ばかりがちらほらと残ったが、その大半には老人しか住んでいなかった。そのため、十年前に港務局が土地所有権の売買を開放したあとも、わずか数戸が建て直されただけで、大部分の家屋はもとの低い姿のままであった。通り沿いに建てられたトタン造りのバラックは、ほったらかしか、あるいは取り壊され、駐車場や倉庫にされたところもある。当時からあった雑貨店は、いまではわずかに三軒しか開いていない。店内は常に明かりがついているわけではなく、木棚に簡単な日用品やお菓子、酒、栄養ドリンクなどがぱらぱらと置かれているのが、日の差す時間帯にだけ見える。七、八十歳の老店主が時々両手を後ろに組んで店先に立ち、坂になった路地の先や埠頭のほうを向いて、何を見るともなくぼんやりしている。

雑貨店を除けば、ここの家々の門扉は昼夜を問わずみな閉め切ったままで、近所の往来はまれである。そうしたなかに一軒の廟宇があり、毎月農暦の初一、十五[*3]になると、十名たらずのご婦人がたがここに集まって読経にはげむ。ここ数年、清水の奥さんも近所の老婦人に連れられて、廟宇でおこなわれる読経に参加している。彼女は毎日早朝に家でひとり小麦粉をこねているときも、御仏の名前を台湾語の懐メロに混ぜ込みながら歌ったりする。

客家語《ハッカ》しか話せなかった清水の奥さんが中国語や台湾語を学びはじめたのは、もともとは商売のためだった。数年も経たないうちに、彼女はいろいろな台湾語の言い回しを流暢に使いこなせるようになった。現在では、ご近所さんや朝ご飯を買いにくるお客さんたちがみな台湾語を話すので、かつては第二言語にすぎなかったこの言葉は、いまや彼女の生活の主要言語となっている。母語である客家語は、家族と話せる機会が少ないので、逆に口にすることが少なくなってしまった。

林夫婦は四人の子どもを育てた。長女は港湾労働者に嫁いだので、基隆に残っている。下の娘と息子二人はほかの若者と同様に、それぞれの理由で相次いで基隆を離れた。下の娘は三年あまり前に大学を卒業し、そのまま台北に残って働いている。基隆から電車で一時間もかからない距離だが、国家試験を受けるため、仕事以外の時間のほとんどは予備校か自分の家で勉強しており、ここ二年ほどは春節〔農暦の正月〕にならないと帰ってこない。長男は結婚したものの、よその土地から嫁いできた妻が一年を通してよく雨が降る基隆の湿度に耐えられず、最初の子が生まれたあと、一家で台湾中部の彼女の実家へ引っ越した。次男はもともと林清水が埠頭でしていた仕事を引き継いだのだったが、一九九九年に埠頭〔の荷役作業〕が民営化されてからほどなくして、荷役会社同士の価格競争の影響で収入が徐々に下がり、家計を支えきれなくなってしまった。その後、彼が郵便局員の試験に受かると、次男夫婦は子どもに台北で教育を受けさせることを考えられるまでになった。基隆西岸の小学校では生徒数が徐々に減っており、学期末のみならず、学期途中でも転校していく生徒がいる。二〇〇七年、子どもの夏休みのあいだに、次男一家もまた基隆から引っ越していった。

林清水は、埠頭が民営化されたときにもらった退職金に、清水の奥さんが数十年にわたって屋台で稼いできた収入を加え、そのお金で港務局から土地の所有権を買い取って、四階まである一戸建てに建て替えた。しかしその家も、いまでは林夫妻二人が住むだけである。通りを挟んで向かいにある改築しなかった平屋は、清水の奥さんが屋台の材料を置いておくのに使っており、店で出す朝食の準備をする場所でもある。たまに、前の晩よく眠れなかったとき、建物の裏手にある木板に横たわってひと眠りすることもある。

清水の奥さんは、西二十六番埠頭外の四つの屋台のなかで一番のベテランである。一九六〇年代末、林清水は転勤で台湾中部から基隆へやってきた。その翌年、清水の奥さんが夫と一緒に暮らすため、子どもを連れて引っ越してきた。一年あまりしてから、埠頭の仕事はもっと実入りがいいらしいと聞いて、林清水は公務員をやめ、埠頭に入った。ところが、どうやら彼が就いたのはあくまでも臨時の仕事であって正規職ではないらしいことに、埠頭に入って初めて気がついた。非正規職の収入では一家六人の家計を支えるのは難しい。清水の奥さんは夫の実家へ助けを求めにいったが、列車を何度も乗り継いだ末にたどり着いた夫の実家では、皮肉まじりの冷ややかな言葉を浴びせられるだけだった。彼女は夫の実家からの援助はすっぱりとあきらめ、よそから来た港湾労働者の妻たちと同じことを考えはじめた。長年、食卓を切り盛りし、家族を食べさせてきた自分の能力を活かそう。彼女は台所を出て、埠頭周辺で食べ物を売る屋台を開くことで、家計の足しにしようと考えた。

民国六十一年〔一九七二年〕ごろ、埠頭は稼げるって聞いてたわ。みんな私たちに言うのよ、埠頭ではうまく稼げるし、副収入だってもらえるって。うちの人もそう思いこんじゃって、仕事をやめて埠頭へ行ったんだけど、あまりうまくいかなかった。仕事は疲れるし、仕事が終わっても疲れすぎてて何もする気力が出ないの。あの頃、新入りはものすごく大変だったし、給料も少なくて、仕事を二、三か月やっても、たった五千元。ぜんぜん足りなかった。

金は全部おまえに渡す、その代わり、足りるかどうかは俺には関係ない、足りなかったら自分でなんとかしろ、って。うちの人の実家は田んぼがあって、それで、収穫の時期になったら、私ひとりで袋をかついでお米をもらいにいったの。まだ焼売を売りはじめる前のことよ。でもね、うちの人の兄弟は言うんだよ、おまえにやる分はない、って。もうはらわたが煮えくり返ってね、涙を呑んでさっさと帰ってきたのよ。それで、自分で稼げばいいじゃないか、って思ったんだ。私が商売をやってこれたのはこういうわけなの。彼らとケンカしたくなかったし、ケンカしても意味ないから。民国六十三年〔一九七四年〕、私は朝食屋を始めた。こういうわけで私は外へ出たの。そうじゃなきゃどうにもならなかったのよ。

お店を始めたばかりの頃は、決まった場所がなかった。ずっと駆けずりまわって大変だったよ。道で屋台車を押しながら「焼売だよ！」って叫ぶの。あとになって、二十六番埠頭外の外省人〔プロローグ、訳注3を参照〕の人の奥さんが亡くなって、その後をやる人がいなかったから、私が彼女の場所を使うようになったんだよ。

この日、まだ暗いうちに、清水の奥さんはいつものように夜中の一時過ぎに夫を起こし、体を支えながらベッドから下ろしてトイレへ行かせた。それからもう一度助け起こしてベッドへ戻らせ、寝かしつける。清水の奥さんは簡単に身だしなみを整えてから、まだ二時にもならないうちにあの平屋に入り、袖をまくり上げて一日の仕事に取り掛かる。

三時過ぎ、西二十六番埠頭外の二軒の屋台は支度ができている頃だ。清水の奥さんの支度はほぼ半分というところまで終わった。六時ごろ、彼女が支度したものを外の台車に積み込もうとすると、中年男性が一人、台車のそばで待機していた。

彼もまたこの地域に住んでおり、毎日、屋台で麵を売るほかに、清水の奥さんが屋台を出す前や片づけたあと、坂道を台車で上り下りする際の手伝いもしている。二人は一緒に台車を押して、西二十六番埠頭の入り口に向かってゆっくり進んだ。まだ営業開始前の自助餐店《じじょさんてん》*4の前の定位置にたどり着くと、清水の奥さんは隣の麵屋台とのあいだに三平方メートルほどの空間を残して自分の屋台を停めた。数分もしたらそこに別の鹹粥《キャムモエ》〔台湾風雑炊〕の屋台が来るのだ。手伝いの男性は、清水の奥さんの屋台車から二台の折り畳み式テーブルと何脚かのプラスチック椅子を下ろして並べたあと、隣の麵屋台に戻り、いつものように食器の整理を始めた。

清水の奥さんが西二十六番埠頭外のいつもの場所に屋台を出してから間もなく、彼女の家から二百メートルもない場所では、八十歳の老婦人が背中を丸めて、自宅から数十メートル離れた西二十一番埠頭の屋台に向かってゆっくりと歩いていた。行き先の屋台にかぶせてあるビニールシートは、彼女の息子が先に行って片づけて、そこに熱々のスープやテンプラ〔台湾風のさつま揚げ〕、煮卵を並べておく。そうして準備が終わると、彼はすぐに自分のタクシーを走らせて行ってしまう。そして、遅れてやってきた老婦人が一日の屋台仕事に取り掛かる。彼女のいる場所から四戸ほど隔てたところにあるタイヤ店はシャッターを上げ、二人の若者がソファーの両脇にもたれかかって眠っている。屋台の真向かいにある二十一番埠頭の外壁のそばにはトレーラーが列をなして停まっている。手にペットボトルを持ち、上半身は肌着一枚という姿の契約車輛[1]の運転手たちが数人、車を取りに来ており、それぞれ今日の荷物を運ぶのに埠頭へ入る準備をしている。

この時間になって空はようやくうっすらと明るんできた。私は阿順《アーシュン》と一緒に屋台を離れ、再び埠頭の荷役作業場まで戻った。そして彼は引き続き二、三時間ほど黙々と働き、いまは仕事が終わって家路につこうとしている。阿順はバイクに私を乗せて埠頭を出て、守衛所を過ぎたところで、私は彼と別れた。そして、西二十六番埠頭の曲がり角まで歩いて戻った。

西岸埠頭外を行き交う車の量は明らかに増えていた。例の二軒の麺屋台には常に四、五人くらいは客が座っている。客たちを見比べていると、ぱらぱらとやってくるトレーラーの運転手や自家用車で来る客だけが、車を停めて焼売や鹹粥《キャムモエ》をテイクアウトしていく。私は基隆でフィールドワークをしているあいだ、いつもこのあたりの四、五軒の屋台で朝食を済ませていた（埠頭や作業員控室を夜通し駆けずりまわったり、前の晩になまけて書いていなかったメモを翌朝部屋で書いたりしているときは、朝の営業時間に間に合わなかったけれども）。そのあいだ、清水の奥さんや鹹粥を売る女性、テンプラ屋の老婦人はたいてい、座ってお客さんを待ったり、屋台を拭いて片づけたりしていた。

九時を過ぎると空はいよいよ明るくなり、埠頭外を行き交う人や車はさらに多くなった。私は屋台のそばに立って、清水の奥さんが大きなおたまでスープをかき混ぜるのを見ていた。屋台には大皿二つ分の焼売がまだ手付かずのまま残っているし、肉片入りのスープと豆乳もまだ桶の半分以上残っていたが、彼女はもうちらちらと腕時計を気にしはじめている。そして埠頭の外壁のあたりの道路にちょっと視線を向けると、思うところがあったようで、私のほうをふり返り、苦笑いしながら言った。「基隆港はとっくに〝死港〟になっちゃったんだね。」

何分かすると、清水の奥さんの屋台の後ろで、自助餐店のシャッターが開いた。店の人が出てきて、業者が店の前に置いていった食材を取り上げる。清水の奥さんはすぐに掃除を始め、屋台の机や椅子を片づけた。十時近くになると、また隣の麺屋台の男性がやってきて、清水の奥さんと一緒に屋台車を坂の上の彼女の家まで押していく準備をする。

歩きはじめてから一分も経たないうちに、自助餐店でパートをしている若い女性がスクーターで追いかけてきて、清水の奥さんの屋台車の行く手を遮った。そして、蒸籠《せいろ》に残っていた蒸したての焼売を全部買っていった。清水の奥さんは焼売のほかにも、肉片入りのスープを袋いっぱいに入れ、さらに温かい豆乳も六杯つけて、包んであった十二個の焼売と合わせて百十元を受け取った（価格表のとおりに計算すると、本当は百八十元ちょっとになる）。屋台車を押して帰る途中、清水の奥さんはこう言った。

彼女も不運な人なんだよ。旦那さんも彼女の稼ぎに頼ってるから。子どもを四人産んで、一番大きいのがまだ中学生。彼女は朝からこの自助餐店でパートして、一日たった三百元。お昼に仕事が終わったら、次はパーマ屋の手伝いに行くの。彼女はね、私の屋台にまだ売れ残りがあるのを見ると、買ってってくれるんだよ。だからさ、材料費だけもらうの。彼女から儲けようなんて思わないわよ。だって、お互いさまじゃない。

屋台を出していた場所から清水の奥さんの家までは二百メートルあまりで、さほど遠くはないが、彼女と手伝いの男性が上りきるまでには二十分近くかかった。清水の奥さんは二、三年前から、屋台車を押して坂を上り下りするときに力が出なくなったと感じるようになり、それでこの男性に手伝いを頼むようになったのだ。彼女は傍らの男性を見ながら、私にこう言った。

「彼はね、頭がちょっとよくないみたいなの。でもね、彼が隣の屋台で仕事してるのを見てたら、真面目なのよ。だから、手伝ってとお願いしたの。私はいつも百元あげてるわ。そうすれば、彼も多少はご飯を食べるお金の心配をしないですむからね。かわいそうにねえ、こんな感じだから、安定した仕事が見つけられなかったのよ。でも、少なくとも飢え死にはしないでしょう。」

ゆるやかな坂の上の家に到着すると、早朝に焼売の支度をしていた平屋の向かい側に屋台車を停めた。清水の奥さんはエプロンから百元札を取り出して彼に渡す。そして、エプロンを平屋のなかに置き、身を翻して出てくると、早足で四階建ての新居に向かった。ドアを開けると、客家語の軽快な口調で、一階右側の小部屋に向かって叫ぶ。「林《リン》さん、トイレに行きましょうか?」

西二十六番埠頭外の四軒の屋台のなかで、最初に店じまいをするのはいつも清水の奥さんだった。というのも、彼女は十時半までに家へ帰り、夫を起こしてトイレへ行かせなければならないからだ。夜中の一時過ぎに一回、午前十時半に一回。林清水は二十数年前のある夜、埠頭の仕事を終えて家に帰る途中、交通事故に巻き込まれて脳卒中になった。夜が明けてから近くの店の人に発見されたが、酔いつぶれて道端に転がっているのだと勘違いされ、すぐに救急車を呼んでもらえなかった。その事故以来、林清水はひとりで立って歩くことができなくなり、埠頭の仕事にはもう戻れなかった。

清水の奥さんの長男一家は、台湾中部へ引っ越して以降、林清水の実家が経営する飲料店で働いて生計を立てている。収入はわずかで、家計のやりくりをして子どもの学費をまかなえるぐらいしかなく、林夫妻の生活費を援助する余裕はなかった。数年してから、清水の奥さんは次男に、自分たちのためにお金を出す必要などないと伝えた。公平を期したということもあったが、清水の奥さんはなにより、口を開けば「金をくれ」と言うような人間になりたくなかったのだ。それは、たとえ焼売の仕事がうまくいかず眠れない日が続いたとしても、夫の実家へ行って援助を求めるようなことは二度としたくないというのと同じ考え方だった。夫が埠頭の仕事に戻れなくなってからは、もともとは家計の足しになればいいという程度の考えで始めたこの屋台が、一家の経済を支える唯一の柱となった。

林清水は脳卒中で倒れてから言語能力に損傷を受け、自分では歩けなくなり、ここ数年は認知症を患って失禁することもあった。清水の奥さんが濡れた布団を抱えて部屋を出るとき、林清水が取り替えたばかりの紙おむつを破ってしまうのもいつものことだった。そのため、夫の排泄物で汚れた衣類やシーツをきれいに洗うのが、清水の奥さんの毎日の仕事の一つになった。夫の大小便の時間を正確に計算して把握するため、清水の奥さんは腕時計をつけるようになり、彼女の毎日の生活リズムは夫の生理的状態に規定されたものとなった。それは、彼女が長いあいだ林清水を世話し、何度となくシーツを洗ってきたからこそ弾き出せた正確なタイムテーブルだった。

屋台を片づける時間を除けば、そのほかの日常的な活動についても同様にスケジュールが決まっており、たとえば毎回の食材の買い出しがそうだった。清水の奥さんは二日おきに、小さなかごのついた三輪自転車をこいで市場へ行き、屋台の食材を買う。彼女が買い出しに行くのは近くにある安楽《アンルー》市場のほうで、安いがやや遠い仁愛《レンアイ》市場ではなかった。これはもちろん経済力に余裕があるということではなく、彼女が出かけるときは常に時間を無駄にできないためであった。彼女はいつも、夫に昼食を食べさせてから次の排泄までの空き時間を使って、やるべきことを終わらせる。屋台を片づけたり、あるいは買い出しを終えて家に帰るたびに、彼女はいつも開口一番、軽快な口調でこう叫ぶ。「林《リン》さん、トイレに行きましょうか？」軽快な調子で言うのは、彼が生涯をともにすると決めた夫だからというだけではない。それは、ほかならぬ彼女自身をなぐさめるための言葉であり、口調であった。清水の奥さんは、あの一家を養わなければならない女性「も」不運な人だと言った。この言い方には同時に、彼女自身も、そして埠頭の周辺で行商をしている多くの似たような境遇にある女性たちも含まれていたのである。

かつて助けを必要としていたときに誰も手を差し伸べてくれなかったことを話すとき、六十八歳の清水の奥さんはいつも両手をぎゅっと握りしめながら、このように言う。「私はあのとき、自分にこう言い聞かせたんだ。この両手で道を進んでいくんだ、って。」この「道」というのは、一九五〇年代から八〇年代にかけて、彼女を含むこの街の女性たちが、それぞれ相前後して決意した生き方を指しているのだろう。それはすなわち、守衛ゲートのなか〔埠頭を指す〕の夫に合わせ、国際貨物船によって規定された昼と夜に合わせ、そして埠頭で働く無数の男たちの飲食生活に合わせて生きていくことであり、一家を食べさせるためにみずから屋台仕事をし、その両手でどうにかして食卓にのせる飯《めし》をひねり出す生活であった。「不運」とは一見、あまりに困難が多く、やりくりがつかない生活のことを言っているように思われるかもしれない。しかし、彼女たち港湾労働者の配偶者にとって、生活において最も困難だったのは、彼女たちが神経をすり減らしながらみずからの手で苦労して生計をやりくりしたことではなかった。

私がこうやって物を売っているのを、夫は手伝ってくれなかった。あの人はいつも外でお酒を飲んだり、お茶したりする〔茶屋で女性と会うことを指す〕ばかり。むかしはね、私はいつも家で泣いてばかりいたんだよ。この一生、あの人に嫁いで三十数年、私は一度たりともあの人に顔向けできないことなんかしたことはない。あの人は二回あったよ。私は腹が立ってね。その女もよく電話をかけてきて、意地悪なことを言われたよ。男ってやつはね、鶏のもも肉を口元にもっていったって食べやしない。あの人は、一日三食じゃ物足りない、デザートも食べたい、なんて言うんだよ。あの人は外に女がいた。私はだから家で泣いていた。四人の子どもはまだ小さかったわ。

清水の奥さんが言う「不運」とは何か。それは、日夜しっかりと生活をやりくりしている女性の手でもつかみきれずにするりと滑り落ちてしまうような、打開策もない、どうにもならない状態なのであった。

■李正徳

午後五時になるという頃、清水の奥さんが朝に屋台を出す二十六番埠頭外からそう遠くない場所で、四十四歳の李正徳《リージョンドー》は桃園から運び帰ってきたばかりの空《から》コンテナを西岸二十一番埠頭に下ろしていた。これは彼が今日二回目に運ぶ、この日最後のコンテナであった。朝六時半からずっと運転席に座りっぱなしだった李正徳は、いまようやくトレーラーで埠頭を出て、外壁の脇に車を停めた。そしてダッシュボードの上から登録簿を取り出し、日付と時間、コンテナのデータを書き入れて、この日の仕事を終えた。このとき、埠頭の外壁には二台しかトレーラーが停まっていなかったが、あと一時間もすれば、この外壁脇にたくさんの貨物トラックが長蛇の列をなすことになる。

李正徳のトレーラーのなかにはいつも私の注意を引くものがいくつかあった。フロントガラスの手前に置かれた二、三本の五〇〇ミリリットルのペットボトルには、彼の母親が毎日、前の日の晩に煮出して冷凍庫で凍らせておく養肝青草茶が入っている。運転席の脇には封の開いたタバコの紙箱があり、開けたばかりで何本か引き抜かれただけのものもあれば、あと数本しか残っていないものもある。[2] ビンロウの噛み汁を捨てる白いプラスチックカップも二、三個あった。[*5] 運転席のドアの上には小さなトランシーバーがかかっている。トレーラーが埠頭を出てから高速道路に入る前までのあいだにトランシーバーの電源を入れ、夕方、仕事が終わるときに電源を切ることになっている。

車に同乗させてもらうたび、私はどうしても堪《こら》えきれず、助手席で居眠りしてしまうことがあった。なので車に乗せてもらう前の晩は早めに寝るのだが、それでもうとうとしてしまい、目が覚めると、手にしたノートには決まって自分でも判読できないような筆跡がいくつか残っていた。ただ、乗せてもらうことが増えるにつれておぼろげに分かってきたのは、車内に置いてあるこれらの取るに足らない品々は、単に眠気覚ましのためというだけでなく、長時間ひとりで運転席に座りつづけねばならないことと関係があるのかもしれない、ということだった。

李正徳のトランシーバーはいつも同じチャンネルに固定されている。彼のチームの同僚も、ほぼみんな同じチャンネルに合わせているようだ。彼は言う。「ここじゃ、何でもかんでも話すってわけじゃないからね。」だいたいの時間、李正徳はトランシーバーをつけているだけで、実際に送信ボタンを押して話す時間はあまりない。いつも聞くだけだ。たまに同僚がやりとりしているのを聞いて、笑ったりもしている。トランシーバーで話す内容の大半は道路状況や仕事のことで、冗談を言い合うこともある。

「後ろ、ついて来いよ。少しスピードを上げるからな。まだ間に合う。［赤信号に変わるまで］あと二十三秒。」

「まだまだ長いぞ。なに急いでんだ。間に合うよ、ゆっくり行こうや。どうせ長いんだから。」

「気をつけろよ。この道の先、十六キロ地点にちょっと様子がおかしい白亀ちゃん［小型トラック］がいるぞ。昨日は飲み過ぎたよ、まだボーッとする。」

「阿雄《アーション》、あれはおまえの兄弟じゃねえか。行って挨拶してやれよ。さっさと家に帰って寝ろって。」

「まったく！　あの新入りのやつ。昨日、あいつのせいで七時、八時までかかったんだぜ。」

「現場が変わったからな。(3)まあ、いいさ。埠頭にもめんどくせえ野郎がまた一人増えやがった。」

時には李正徳の名前も呼ばれる。「阿徳《アードー》よ、いま一匹〔速度測定器のこと〕いたぜ。よけたか？」彼はハキハキとした調子で答える。「おう、ありがとよ！」このときの彼は、いつものいかめしい表情の李正徳とはまったく違う。

このようなトランシーバーでのやりとりは、ほとんどが車を走らせているときにおこなわれている。それ以外の時間は、このチャンネルはどちらかというと静かな時間のほうが長い。それは、だいたいがチームの待ち時間にあたる。車を順調に走らせている時間を除くと、李正徳とチームの同僚たちがトレーラーで過ごす十数時間は、さまざまな形の「待ち」で構成されている。コンテナ集積場に行き、コンテナを下ろす場所が空くのを待つ。また別のコンテナ集積場へ向けて出発し、そこで次のコンテナを待つ。高速道路で渋滞が徐々に解消するのを待つ。埠頭でコンテナを下ろす場所が空くのを待ち、空《から》コンテナを受け取る位置でもまた待つ。埠頭の現場スタッフの昼休みが終わるのを待つ。その後もこれと同じ行程をくりかえし、場所が空くのを待ったりコンテナを待ったりする。そして日が暮れる前、最後の行程で埠頭へ戻るときも、トレーラーが行列をなすなかで守衛ゲートから埠頭に入るのを待つ。

私の下宿先からはちょうど、夕方になると二、三十メートル先のところでトレーラーが長蛇の列をなしているのが見えた。トレーラーの車列は埠頭の守衛ゲートから高速道路の高架ランプまで続いており、行列のなかの大型トレーラーはだいたい二十分ごとに一、二台分だけ前へ進めるのだった。カメラのファインダーから覗くたびに、動かない車列の運転席でタバコの煙がもくもくとあがっているのが見えた。二十分ほどで一区切りとなる長い待ち時間のなか、運転席に座っている男性が、自分の肩幅よりも大きなハンドルにうつぶせになっているのを一度ならず目にしたことも忘れがたい。

けれどこの日、李正徳はこうした車列のなかにはいなかった。一九九〇年代末以降、基隆港のコンテナ取扱量は大幅に減少し、李正徳のような埠頭のコンテナトレーラーの運転手は、生計においても、生活スタイルにおいても、大きな影響を受けた。たとえば、彼らはかつて昼夜を問わずコンテナを引っ張っていたが、現在では運転手の大部分が夕食時《どき》までに仕事を終えるようになった。李正徳はこの数年で相次いで事故に遭い、体力も以前ほどにはないため、仕事を終える時間をほかの契約車輌の運転手よりも早めて、トレーラーが埠頭前で行列をなす時間帯よりも前に埠頭へ戻るようになった。

この日、まだ夕方の五時にならないうちに、彼は荷台が空《から》になったトレーラーを運転して埠頭を出た。そして三台の車列の最後尾に車を停めると、運転席から飛び降り、数メートル先にある古い黒色の小型乗用車へと向かった。ドアを開け、身をかがめて運転席に入るとエンジンをかけて、西岸埠頭から自宅へ帰る準備をする。

この時間帯の市内は、タクシーが多いだけでなく、基隆・台北間を往復するバスも走っているため、数の限られた道路はどこも渋滞している。電車も十数分ごとに、台北での一日の仕事を終えた人たちを乗せて帰ってくるので、もともと狭い港街の道路はいっそう混みあうのだった。李正徳は慣れた様子で渋滞区間を迂回し、十五分もしないうちに人も車も比較的まばらな東岸地区の幹線道路に入った。彼はいつものように、しばらく駐車場所を探したあと、幹線道路脇の路地のゆるやかな坂に車を停めた。このあたりはむかしから人がかなり密集して住んでいる地域で、市内にある埠頭からは一定の距離があるものの、道は狭く、住宅も密集して建てられていた。その多くは五階建てぐらいのアパートで、一階の店舗部分の脇に狭い階段があり、二階から上の階にある住居へ通じている。

李正徳と彼の両親、それから最初の結婚で生まれた息子は、このエリアにあるアパートで一緒に住んでいる。付き合って十数年になる恋人の華容《ホワロン》も時々ここに泊まることがある。李正徳にはもう一人、二番目の妻とのあいだに生まれた娘がいるが、ここには住んでおらず、別の地域の大学に合格したばかりで、いまは学校の宿舎に住んでいる。ここ数年、李正徳は仕事が終わって家へ帰ったら、ふつうはもう外へは出かけない。それは、運転手仲間たちとの飲み会がほぼなくなったからでもあったが、彼自身が外出することで両親に不快な思いをさせたくないと考えていたことに加え、夜中に帰ってきて駐車場所を探すのが面倒だという事情もあって、おとなしくアパートで過ごすようになったのだ。

李正徳は家に入ると、玄関に車の鍵を置き、スリッパに履き替えるとまっすぐ自室へ向かった。母親が昼のうちに洗濯しておいてくれたきれいな寝間着を取って、浴室へ入る。その頃、彼の七十過ぎの母親は台所で夕食の準備をしていた。すでに定年を迎えた父親もリビングでテレビニュースを見ている。父親は、若いときは二十年以上にわたって漁船に乗り、中年になってからは自分で船を買って船主となったのだという。早めに兵役[*6]を終え、もうすぐ二十歳になる息子も家におり、自室でネットをしている。

李正徳はシャワーを浴び終えると、リビングの椅子に腰を下ろした。足元にある乳白色のプラスチックケースから蒸留酒を取り出してグラスに半分注ぎ、それからテーブルの端にある銀色の水差しを取って、また半分ほど白湯を注いだ。夜七時にならないうちに、一家の夕食の支度が整った。

夕食は、台所脇の大テーブルではなく、リビングにある長方形の小さなテーブルの上に並べられた。李正徳と華容は隣合わせに座り、二人の老人とその孫がもう一方に座る。一家の視線はニュースの流れるテレビに集中している。時々、李正徳の母親がニュースについて何か話すと、父親か華容が短く答える。家のなかに聞こえるのはアナウンサーの声ばかりで、一家の食卓は静かであった。

夕食を終えると、李正徳の息子は自室に戻り、コンピューターの画面にくぎ付けになる。華容は李正徳の母親が食卓を片づけるのを手伝い、一緒に台所へ入った。しばらくすると、彼の父親が外出した。それは李正徳が幼い頃から変わらない父の習慣であった。母親は、むかしはいつもどこへ行くのか訊ねていたが、はっきりした答えが返ってきたためしがないので、ここ何年かはもう聞き返すこともなくなったのだという。このとき、夕食が終わってから三十分くらいしか経っていなかったが、リビングに残っていたのは李正徳とニュース番組、そして卓上の酒だけであった。

十時過ぎになると、李正徳はようやく椅子から立ち上がり、寝る準備を始めた。アルコールのせいで、彼の歩みはふらついている。頭を垂れ、両手で壁や椅子の背もたれを探りながら、ソファーを迂回して、台所脇の寝室に入っていった。少しして、リビングと母親の寝室の明かりも消えた。この家には、李正徳の息子の部屋の扉の隙間からわずかに卓上灯の黄色い明かりがもれるだけとなった。

この一晩の様子を表面的に見ただけでも、李正徳と家族との関係は親密とは言いがたかった。とりわけ、彼と息子との交流はほぼないに等しい。床に就くまでのあいだ、李正徳と息子は五時間ばかり同じ屋根の下にいたわけだが、目が合ったのは一度だけで、あとは簡単な言葉を交わしただけだった。李正徳が仕事を終えて帰ってきたとき、ちょうど息子がトイレへ行くのに部屋から出てきたところだったので、図らずもお互いを見かけたのが一度。それから、夕食の支度ができたときに、李正徳がリビングで座ったまま「メシだぞ！」と声をかけ、息子が部屋から「うん」と答えたのが一度である。

もともと李正徳が子どもたちと顔を合わせたり話をしたりする時間は決して多くなかったが、子どもたちが中学に進んでからは特にそうであった。彼はいつも自分の両親から息子や娘が彼らを困らせていることを聞いてはいたが、彼自身は頭を悩ませることもなく、子どもたちと話をしようともしなかった。「まだガキだから何も分かってないだけで、少しすれば社会に出て揉まれる。そうすれば、おのずと分かるようになる。」彼はそう思っていた。彼のように、若い頃は勉強が嫌いで、高校を二、三回転校し、最終的に卒業できなかった人間でも、現に基隆や台北などあちこちで臨時雇いの仕事が得られているのだ。「男には責任があるんだ。勉強なんかしないで働け。」彼が休学した息子に言ったこの言葉は、彼が若い頃、自分自身に言い聞かせた言葉でもあった。

李正徳は十六、七歳の頃、雑貨店で配達員をしていたときに何人かの船乗りと知り合った。船の仕事は自由で収入もよさそうだと思い、それで二年間、船に乗った。その後兵役に行き、二十歳過ぎで退役すると、「やってみたら、いかにつらいかが分かった」という船員生活をそのままやめて陸に上がり、紆余曲折を経て、二十数年にわたる運転手生活に足を踏み入れることになる。最初はタクシー運転手から始め、その後、土砂運搬のトラックの運転手になった。

十数年前に自動車修理工場の主人から分割払いで中古のトレーラーを買って、それ以降、「名義貸し」でコンテナを引いて走るようになったのである。

転職したのは毎回、より良い収入を求めてのことだった。かつては途切れることなく来航していた国際貨物船は、李正徳や同僚の運転手たち、さらにはこの港街のあらゆる住民に大きな収入をもたらしていた。毎月の一万元あまりの修繕費と二万元の名義貸しのコミッション、一台あたり約二千元のコンテナ費にガソリン代を差し引いても、トレーラー運転手の収入はきわめて多かった。李正徳の同僚の阿亮《アーリャン》は言う。「どいつもポケットは札束でパンパンだったよ。あの頃はとにかく金があった。」運転手たちはみな遅くまで車を走らせ、夜中にようやく仕事を終えるのが常であった。

先ほどの李正徳のように、トレーラー運転手が自宅で両親や子どもと一緒に夕食をとる光景など、かつてはめったに見られなかった。「運ぶコンテナが多いほど、付き合う人間の数も多くなった」と李正徳は言う。あの頃の彼は、林清水《リンチンシュイ》や大部分の港湾労働者たちと同様に、普段これほど早く帰宅することなどなかった。街中の小吃《シャオチー》店や、繁華街のある仁愛《レンアイ》区に千軒もひしめいていたといわれる茶屋こそが、トレーラー運転手や埠頭の男性労働者が日夜足を踏み入れる場所だった。当時まだ三十歳手前だった李正徳は、その茶屋で二人目の妻と出会った。

彼と最初の妻とのあいだには、もとより激しい衝突などなかった。しかし、彼の気持ちが新たに出会った気心の知れた女性のほうに引き寄せられていくにつれ、家にいる妻は、見るのも嫌な野暮ったい女に成り下がり、そうした気持ちの変化はやがて実際に、夜中に帰宅した彼が妻に向ける冷ややかな視線や言葉に表れるようになった。「俺があいつに申し訳ないことをしたのは分かってる。悪いのは俺であって、あいつじゃない。だって、あいつは口答えしたことなんてなかったんだから。あの頃は若くて血の気が多かった。そうさ、あいつが別れたいなら別れる。結局そういう道を選ぶことになった。」息子が二歳のとき、李正徳の最初の結婚生活は終わった。それから一年もしないうちに、年若い二人目の妻も彼のもとを離れていった。

当時、埠頭では、あふれんばかりの大量のコンテナが彼らを待ち受けていた。そして、埠頭にも茶屋にも、友人がいた。李正徳は幼い子どもたちの世話を両親に任せ、彼自身の父親としての役割は、毎月の生活費を出すことで全うすることにした。だが数年が経つ頃には、息子も娘も、もはや世の中が分からない子どもではなくなっていた。そして、二人が中学に入った頃から、彼が家にお金を入れるのが何日か遅れるようになり、定期点検の際のトレーラーの修繕費もつけ払いするようになった。

一九九〇年代末になると、運転手たちの収入は以前ほどの水準を保てなくなった。とりわけ李正徳のような契約車輛の運転手の場合、運送会社との関係は「名義貸し」だけであって、会社に正社員として所属しているわけではない。地位もなければ身分もない彼らに金を貸す銀行はなかった。それでも生活はしていかなければならないし、飯《めし》を食わずにもいられない。そうなると運転手たちが金を借りられる先は、だいたいが家族や親戚であった。毎晩の食卓で李正徳の足元に置かれている蒸留酒は、彼が華容に頼んで彼女の父親から借りてもらった二十万元で、友人から二十数箱分買い入れた自家醸造の米酒《ミージョウ》である。李正徳はこれを転売して、その差額を生計の足しにするつもりだった。しかし、同僚や友人に酒を売って金を儲けるということが彼にはどうしても忍びなく思われ、だからといって市場価格より安く売りたくはなかった。結局、その二十数箱分の米酒は倉庫に残ったまま、一箱も売れなかった。

コンテナ船の来航が減ると埠頭はますます静かになり、「仕事が終わったら街へ出て飲もう」と無線でがなり立てる者はもはやいなくなった。鉄路街《ティエルージエ》*7の茶屋も、その多くがシャッターを下ろしていた。トレーラー運転手や埠頭の荷役労働者の多くがそうであったように、李正徳もまた、九〇年代の終わりごろには、かつてとまったく異なる面持ちでまっすぐ自宅へ帰るようになった。

男たちは以前のようには毎月の生活費を出すことができなくなった。そして、まだ夜にならないうちに帰宅して、長年自分がいないのが当たり前だった夜の食卓につくようになると、彼らは「いつも家にいる他人」のような父親/夫となった。李正徳がどうしても友人相手には売りさばけなかったあの酒は、彼が毎晩食卓でかたむける一杯となった。

一九七〇、八〇年代から九〇年代末にかけて変化したのは、埠頭に停泊する貨物船だけではなかった。港湾労働者たちの生活世界もまた、大きく変化した。父親／夫が家にいないことが当たり前だった時代――その始まりは少なくとも一九五〇年代から六〇年代に入ろうとする間際まで遡ることができる（その頃はまだ、李正徳や彼の同僚も、ほかのトレーラー運転手たちも、基隆の埠頭に来る前だった）。その時代には、埠頭で荷役につく男性労働者たちと飲食・娯楽産業の女性たちが一緒になって、基隆という港街のにぎやかな日常をつくりあげていた。そしてそこには、清水《チンシュイ》の奥さんのような家庭内の女性たちや労働者の子どもたちの社会生活は含まれていなかった。

原注

（1）所有者の相違によって、基隆埠頭のコンテナ車は二種類に分けられる。一つは会社所有車輌で、運転手は会社所属の正社員である。もう一つは契約車輌で、コンテナ車は運転手の所有物で、会社と契約を結び、毎月名義貸しの手数料を会社に支払う。李正徳は後者に属する。

（2）おそらく、私が長時間タバコの臭いを嗅ぐと咳が出ることに気づいたからだろうが、私が李正徳の車に同乗させてもらっているあいだ、彼は車内ではタバコに手を触れず、だいたいビンロウを噛んでいた。彼が車を降りてコンテナを待つときにだけタバコを持っていって吸っていた。

（3） 埠頭のトレーラー会社は、コンテナの出し入れ、各トレーラーの調整などの仕事を担当する現場スタッフを派遣するが、ここではその新任者について話している。現場スタッフによる調整は、トレーラー運転手の労働時間の長短にも影響した。

訳注

＊1 夫が「林清水」、妻が「清水の奥さん（清水嫂）」と呼ばれているが（序文で述べられているように、いずれも仮名である）、夫の名前で妻を呼ぶのはむかしの習慣である。

＊2 港務局とは、国際商業港の管理をおこなう台湾行政院交通部直轄の行政機関のことで、基隆、台中、高雄、花蓮の四か所に設置されていた。二〇一二年民営化。

＊3 農暦初一、十五とは、太陰暦（旧暦）での毎月一日、十五日のことである。台湾でも公式には太陽暦が採用されているが、民俗・宗教儀礼等は農暦にしたがっておこなわれる。

＊4 「自助餐店」は、ビュッフェ・スタイルでおかずを自分で選べる食堂もしくは弁当屋のこと。

＊5 台湾には、中高年層を中心に、ビンロウ椰子の種子を嚙む習慣がある。覚醒作用があり、ビンロウを嚙んだ唾液は赤く染まるため、かつては路上に吐き捨てた赤い唾液の跡がよく見られた。現在では唾液を吐き捨てると罰金刑が科される。

＊6 台湾では徴兵制が施かれ、満十八歳以上の男性には陸軍二年もしくは海・空軍三年の兵役に就く義務が課されていた。一九九〇年から兵役期間は徐々に短縮され、二〇一二年には段階的に志願制へ移行する方針が定められた。二〇一三年には四か月間の軍事訓練を受けるだけでよいとされたが、二〇二四年一月より一年の兵役義務を課す制度に戻された。兵役の開始時期は各自の事情に応じて遅らせること

もできる。また、兵役の代わりに別の任務に就く「代替役」も二〇〇〇年から制度化された。

＊7　鉄路街とは、台湾鉄道の基隆駅とその南側の三坑《サンケン》駅とのあいだの線路沿いの地域の呼称で、この一帯には女性が接待をする（場合によっては性的サービスも含む）茶屋が集まっている。

第2章　あの頃、海辺にいた少年と男たち

台湾がまだ日本の植民地だった頃のこと。基隆は台湾のほかの街とは違って、小さいながらもにぎやかな辺境都市であった。とりわけ市街地に位置する東西の埠頭では、雨の日も晴れの日も、昼夜を問わず大勢の少年や男たちがあちこちを駆けずりまわっていた。日本統治時代から一九九〇年代末に至るまで、ある時は肌をさらし、ある時は雨具をかぶってさまざまな貨物をかついだ男たちが、その歩みの一つひとつによって台湾と外の世界とを結びつけていた。埠頭の外側で暮らす基隆の住民たちは、故郷を離れて基隆へやってきたこれらの男たちを、当時埠頭を管理していた日本人にならって「苦力《クーリー》」(1)と呼んだ。

私がフィールドワークを通して知り得た埠頭の男たちの過去と現在は、いずれも文献資料によるものではない。二〇〇〇年代初頭に埠頭に残っていた、もはや若くも頑健でもなくなった

二十数名の苦力《クーリー》たちからじかに聞き取った話である。フィールドを離れたあと、私は関連記録や報告書も見てみたが、基隆の埠頭にいた少年や男たちについて彼らが語った世界は、そうした記録のなかでは曖昧だったり欠落したりしていた部分を歴史的イメージとして描き出してくれるものであった。

■埠頭の苦力《クーリー》たち

基隆は台湾島の北端〔富貴角〕と東北端〔鼻頭角〕を結ぶ地点にあり、地図で見ると、ちょうど島の最北端でU字型をなす海岸線の一番底の部分に位置している。このU字型の海域は東シナ海と呼ばれる。基隆港は日本統治時代に東シナ海に面して築かれ、植民国家と南方の貿易地とを結ぶ積替港となった。荷役機械が世界運輸史上に登場する前の時代には、どのような貨物を運ぶにも人力に頼らざるをえず、当時、日本人は台湾の若くて力のある男性を広く募って港に連れてきて、船倉や埠頭の倉庫に積まれた貨物の荷役を手作業でおこなわせたのであった。

日本が先行して基隆港の開発を進めていたうえに、台湾が地理的に国際海運航路における重要な位置を占めていたこともあいまって、この港は日本人が去ったあとも四十年あまりにわたって著しい経済的繁栄を基隆の街にもたらしてきた。日本統治時代にすでに発展していた漁業や一部の鉱業を除くと、埠頭の荷役・運搬業、販売委託業、通関代行業、倉庫業、自動車修理業、飲食業、娯楽業といった工業や港湾にかかわる産業はこの時代に大きく成長し、多くの人々が仕事を求めて台湾のほかの地域からこの地へ移り住むようになった。こうした多くの新興産業のなかでも、埠頭の運搬業は最も重労働であるうえ、労働環境も決して快適なものではなかった。地元の住民にはほかにも仕事の選択肢があったので、荷役労働者になる者は少なく、[(2)]基隆の港湾労働者はよそから来た人間ばかりだった。彼らの大部分は農家の出身だったが、埠頭の仕事は副収入が多いと聞きつけ、それまでの仕事をやめて基隆に来る者もいた。

当時、埠頭での荷役作業はすべて労働組合が請け負っていた。労働組合には二種類の管理職が置かれていた。最上級が隊長で、所属の各班を管理する。そして班ごとに班長が置かれ、班所属の労働者たちが作業をおこなう持ち場やシフトの調整を担当していた。こうした組織形態の起源は、日本統治時代の終結後に埠頭管理を引き継いだ港務局が、当時埠頭に何千人といた苦力《クーリー》たちの複雑な請負関係を解決するため、一九四五年に労働者登録と班別の編成をおこなったことに遡る。当時、港務局は五十人の親方を班隊長に選任し、出身地別に労働者を組織化した。労働者の労賃は一時的に班隊長の共同出資金から立替払いさせることとし、統一されたルールにしたがって順番に埠頭の荷役作業に人員を派遣させた。班隊長の仕事は主に人集めと労働者の管理で、実際の荷役には参加しない。こうした組織は当時、「五十公司」と呼ばれた。[(3)]五十公司は翌年、港湾荷役労働組合[*1]となり、労働者は自動的にその組合員となった。

もう七十歳前後になった埠頭の友人たち数人から、次のような話を聞いた。当時、各班の班長は故郷にいる親族に働き口を世話するために、あるいは管理が楽なので、たいていは故郷へ戻って、近隣の親戚関係を通じて労働者を集めていた。そのため、埠頭では出身地に応じてそれぞれ異なるネットワークが形成された。とりわけ三つの地域の出身者が多く、埠頭ではそれぞれ宜蘭幫《イーランバン》、鹿港幫《ルーガンバン》、清水幫《チンシュイバン》[4]と呼ばれていた。さらに一九五六年には、港務局と埠頭運送業労働組合が合弁事業として荷役スタッフの養成講座[5]を始めた。これにより荷役労働者の募集と訓練の規模が拡大され、養成講座における各自の成績に応じて教官が修了後の配置を決めた。養成講座の募集対象はもともと港湾労働者の子弟に限定されていた。そのため、他地方出身の苦力《クーリー》たちは基隆の地元住民とは異なる人間関係を形成することとなり、埠頭を中心として彼らに特有の社会生活や生活世界をつくりあげていったのであった。

私が安仔《アンアー》について埠頭に入り込み、夜間シフトの仕事に一晩立ち会ってからというもの、口では言わないものの彼なりに重視するポイントがあったのだろう、どうやら私は彼のお眼鏡にかなったようだった。以前は常に「おまえには分からない」という態度を露わにしていた彼が、最近ではみずから口を開き、話をしてくれることが多くなってきたのだ。あれこれ聞きたいという気持ちが抑えきれなくなっていた私は、タイミングを見計らい、矢継ぎ早に次のように訊ねてみた——なぜ五十公司の親方たちが港務局に代わって労働者の給料の立替払いをすることになったのか、なぜ当時の給料はそんなに高かったのか、人によって私に教えてくれる給料の額が違うのはなぜなのか、どうしてそれほどの差が生じるのか。六十三歳の安仔《アンアー》は「だから言っただろ、おまえのようなよそ者には分かんねえよ」とひとこと前置きしつつも、埠頭の世界においてはポジションの相違や複雑な力学によって導き出される数字が変わってくるのだと話してくれた。

港務局が俺たちに支払う給料は、それぞれの班隊長を通してもらうんだ。班隊長は港務局から受け取った給料から、まず自分の給料を差っ引く。その残りを労働者に分ける。どうやって分けるかなんて、港務局は気にしちゃいねえ。班隊長の収入はつまるところ苦力《クーリー》の頭数による。班隊長は自分の手元に多少なりとも残るようにするけど、実のところは隊のやつらには分からねえ。

あの頃の班隊長は厳しかったぜ。皆勤が当たり前。休みなんて取れやしねえ。たとえば、今週四日仕事して、三日仕事しなかったとする。そしたらやつは給料なんかくれやしねえぞ。あの頃、班隊長がくれるとしたら、多めにくれてるんだ。だからこっちも言うことはねえ。班隊長が港務局に送る数字はな、ありゃ全部盛ってるんだよ。苦力《クーリー》の給料は全部多めに渡してた。それも本給だけの話だぞ。副収入は計算に入れてない。

民国五十何年〔一九六〇年代〕だったか、埠頭では海上班と陸上班に分けられていた。(6) 給料の差は大きかったよ。少なくとも千元、二千元くらいは違った。当時、給料が一番よかったのが海上班で、一か月あたり一万元以上の収入もありえた。陸上班は雑用仕事で、給料は三千元ぽっち。六十年〔一九七一年〕に合併して一緒になったが、あの頃は「大班」、つまり手作業だったらもらえる金が一番多くて、一か月あたり八、九千元くらいだった。フォークリフトを使う仕事は一番少なくて、本給が千九百元、チップとかの副収入がだいたい二千元くらい。あの頃、チップをくれたのは関税代行業者とか荷主とかトレーラー〔運転手〕とかで、急いでるから先にやってくれと現場の労働者に頼み込むんだ。

だけど、労働者のもらえるチップがどれくらいになるのか、これもな、倉庫管理員との関係で決まるんだ。倉庫には管理員と倉庫係がいて、管理員は港務局の人間、倉庫係は労働組合の労働者だ。管理員はな、自分と仲がいい倉庫係にチップをもらいに行かせるんだ。そいつらが戻ってきて管理員と分け合う。けど誰もが分けてもらえたわけじゃねえよ。

埠頭での貨物の積み卸しはきわめて頻繁におこなわれており、荷主はなんとかして自分の貨物を優先的にやってもらおうとした。そのため、倉庫と貨物船とのあいだで貨物の積み卸しや運搬にあたった苦力《クーリー》は、個人差こそあれ、くれると言われたものはもらったし、自分から積極的に要求して「チップ」や「副収入」「ボーナス」を受け取ったりもした。このように、めいめいで異なる臨時収入は、多いときには本給と同じくらいになった。安仔《アンアー》は言う。「民国六十二年〔一九七三年〕なら、金はかなりもらえたよ。俺は中学を出たばかりだったけど、一か月で三万元以上はもらってたな。」

基隆市民や台湾のほかの地域の住民と比べて、国際港湾で働いていた労働者たちは、貨物船が高度経済成長を遂げた海外の国々から大量の貨物を運んでくるのを、誰よりも早く、かつ頻繁に目にしていた。冷蔵庫、さまざまな様式で美しくラッピングされた日用品、缶飲料など、当時の台湾では見られなかった珍しい品々が、船倉にも埠頭にも倉庫にもうずたかく積み上げられていた。あの頃、埠頭の管理はかなり緩く、労働者たちの自宅には船からくすねてきた品物が多かれ少なかれ並べられていた。(7) 苦力《クーリー》たちからすれば、自宅の棚に並べられたそれらの品々は、彼らが埠頭で触れた「繁栄と進歩」の世界の象徴であり、彼らはこれらを通じて、あの時代に続々と到来した豊かな経済と社会資本のイメージに自分自身を結びつけていたのである。

ある産業で金回りがよくなると、ごく自然かつ単純なりゆきとして、そこに身を置く労働者と彼らを取り巻く社会環境とが一体となって新たな反応を生み出すようになる。

当時、港湾労働者はみな埠頭の検問所を出入りするための通行証を持っていた。個人の氏名が印刷されたこのカードは、その持ち主のズボンのポケットをひっくり返せば分厚い新旧の札束があふれ、なおかつその者が、埠頭外の労働者にはないさまざまな福利厚生を享受していることを意味するアイテムであった。さらに、通行証そのものもまた経済資本へ転化しえた。たとえば、労働者が給金を早々に使いきってしまい、一時的にどうにもやりくりができなくなったときでも、「通行証は質に入れることができた」[8]という。通行証はすなわちステータスであり、担保にできたので、これを質に入れてお金を借りるのは難しいことではなかったのである。しかし、最初から埠頭の労働者たちが全員、通行証を持っていたわけではなかった。当時、埠頭には清水《チンシュイ》の奥さんの夫や李永発《リーヨンファー》の父親のように、通行証を持たない苦力《クーリー》もいた。千二百人あまりいたというそれらの労働者は、労働組合の名簿には載せられていない、臨時雇いの苦力《クーリー》であった。[9]

林清水《リンチンシュイ》一家が全員で基隆へ引っ越してきたのとは違い、李永発の父親はたいていの港湾労働者と同じく、ひとりで埠頭へやってきた。彼はもともと日本政府の管理下で台中港の工事に従事していた。日本統治時代が終わると、基隆埠頭で働いていた村人の何人かが故郷へ戻ってきて、人集めをしていた。彼らが言うには、埠頭では人手が足りておらず、田んぼに出るよりもはるかに実入りがいいらしい。そこで李永発の父親は、妻と子どもを故郷に残して母親の面倒を見させることとし、自身は大勢の同郷人と一緒に基隆埠頭へやってきて、臨時雇いの苦力《クーリー》になった。そのとき一緒に来た仲間のなかには、一人者もいれば、妻子持ちもいた。一九五二年に李永発の祖母が亡くなると、八歳だった李永発は母親に連れられて基隆へ引っ越してきて父親と暮らすようになり、やがて父と一緒に埠頭で働くようになる。いまでは七十歳近い李永発は、当時、仕事がきついわりに薄給だった千人以上もの臨時雇いのなかの一人であった。

あの頃は人手が足りなかったんだ。正規採用の苦力《クーリー》は仕事を選びやがって、重かったり、やっかいなものは全部ほったらかしさ。それで、班長はこいつらとは別に人集めをして、臨時雇いの班をつくって仕事をやらせたんだ。班長自身だって楽だったろうよ、だってマネージャーだからな。臨時雇いは正規の職制には組み込まれてなかった。現場には正規のやつは一人もいないわけだから、班長もちょうど体《てい》よく休めたってわけさ。

　臨時雇いがやったのはわりと面倒な仕事でさ、たとえば尿素とか砂糖とか、塩とかを運ぶんだよ。尿素が一番大変だったなあ。暑い日だと、尿素から水分が出てくるからさ、滑りやすくて運びにくかった。寒いと、今度は石みたいに硬くなるんだぜ。臨時雇いは正規の職制じゃなかったからさ、通行証を持ってる苦力《クーリー》たちとは違って福利厚生はねえし、ボーナスもなかった。ジャケットもレインコートも雨靴も、全部自分で金を出して買ったんだ。給料もずっと安かったから、あとになって臨時雇いが争議を起こしたよ。

一九七二年、争議に参加した千二百人以上の臨時雇いの苦力《クーリー》は全員、通行証を持つ正規労働者になった。つまり、「通行証《カード》持ちの、できるやつら」の階級に加わったのである。埠頭の内でも外でも、李永発や周囲の仕事仲間たちはみな「昇進」のうまみを味わった。

民国六十一年〔一九七二年〕ごろは、よその仕事だと毎月の稼ぎはだいたい千元ちょっとだった。あの頃の埠頭で一日四十元だから、よそと比べたらまだマシというくらいだったな。民国六十二年〔一九七三年〕になったら、埠頭では毎月四千元もらえるようになった。民国六十八年〔一九七九年〕には一万元以上もらえた。あの頃は埠頭で働いとけばまず食いっぱぐれることはなかったよ。

屋台のオヤジさんが言ってたよ、「第三工場〔海軍の第三造船所〕で三回店を出すんだったら、埠頭で一回やるほうがいい」って。港湾労働者はいつも酒のほかにおかずも注文して、千元か二千元くらいは使うからな。第三工場のやつらは一人一碗の麺か飯、それにおかずを頼んで百元くらいってとこさ。

仕事のないときは、みんなで誘い合って街に繰り出して飲むんだ。基隆は雨がよく降るから、屋内で遊ぶことが多かった。みんな昼間は酒を飲んだり、歌ったりしてさ。晩飯のときも、同僚を誘って飲みに出かける。埠頭じゃ、誰かに仕事を代わってもらっても構わない。千元くらい、たいしたことねえ。当時、よそじゃ一か月だいたい七、八千元ぐらいさ。俺たちゃ、三、四時間やれば千三百元だぜ。毎日の固定給が八百で、それとは別に船会社が五百元のボーナスをくれたんだ。感謝の意味でな。

一九六〇年代から八〇年代にかけて、埠頭にいた四、五千人もの荷役労働者たちは、毎日毎晩、ある種の特殊な生活状況に足を踏み入れていた。その内部で過ごす時間はいよいよ長くなり、しかし誰もそのことに気づかなかった。その頃にはもう、本来「特殊」であったはずのそうした状況は、息をするがごとく自然な「日常」になりかわっていた。このことはまた、異郷の埠頭へとやってきた少年や男たちを、目と鼻の先にありながらも埠頭とは異なる社会一般の営みから締め出していった。

■埠頭の昼と夜――船を待つ

かつての基隆では年がら年中、雨ばかり降っていた。まさに「雨都」というにふさわしく、住民の日常生活における一挙手一投足が軒下を出ることはなかった。基隆における建物の使い方は、かつての雨が多かった気候に起因している。日常生活も商業活動も、だいたいが屋内でおこなわれる。そのうえ、土地が狭いわりに人口密度が高いので、使える屋内の空間もきわめて限られており、結果として建物は「上」へ向かって発展した。間口を広くとれないぶん、階数を増やす形で建造されたのである。二階より上の空間は居住に充てられただけでなく、各種の小規模商業の拠点としても利用されるようになっていった。当時、こうした上層階に入るテナントの業種は、主に二つに分けられた。一つは通関代行業者であり、もう一つは飲食業を含む娯楽産業である。前者は港湾産業だが、後者は膨大な数の港湾労働者たちの特殊な労働時間に合わせて出現した商売であった。

フィールドワークを始めたばかりの頃、清水《チンシュイ》の奥さんの屋台以外で、私が一番長い時間を過ごしたのは作業員控室であった。それは、埠頭が民営化されたあとに荷役会社が埠頭の外に設けた簡素な事務室で、内部の空間は事務エリアと待機エリアとに分けられていた。控室には机と椅子が数脚置かれており、新聞やテレビ、茶卓などもある。一九九〇年代初頭に見られた小さいのにどっしりとしたパソコンも一、二台あって、ソリティアのような簡単なゲームができるようになっている。たいていの時間、控室にはほんの数人、荷役労働者がいるだけだった。最初の頃、私はこの寒々とした雰囲気を破りたくて、まず自己紹介をしてから、控室にいる労働者たちに「次はいつ埠頭に出るんですか？」と質問するということをくりかえしていた。返ってくる答えはいつも同じだった。「分かんねえよ。待つしかない。待ってりゃ、会社から通知があるから分かるさ。」私がまた、「通知が来たとき、ここにいなかったらどうするんですか？」」と聞くと、彼らは目を丸くして、埠頭の外から来た門外漢を見て言った。「当然、遠くに行っちゃいけねえよ！」声音はやや高くなっていた。そしてさらにこう続けた。

俺たちの仕事の時間は決まっちゃいねえんだ。九時五時じゃねえんだぞ。もっともな、むかしだったらみんな車もねえから、遠くへ行くなんてできっこなかった。あの時代はもちろん携帯もなかったからな、遠くへなんか行けなかったんだよ！　船が来るときはな、班隊長に呼ばれたらすぐ行けるようにしとかなきゃいけないんだ。

むかしは船が多かった。続けざまに埠頭に入ってくることもあって、俺たちは四十八時間ぶっ通しで働いたものさ。かと思うと、三日も船が来なくて、仕事のないときもあった。こればかりは俺たちにもどうにもならねえ。班隊長から通知がねえときには、まずこの控室に来てちょっと覗いてみて、まだ仕事がないんだと確認できりゃ、一息つけるなって話になるわけさ。

あの頃、荷役は全部手作業だった。作業中は手を止めて休むなんてできやしねえ。だから、仕事のねえときくらいはリラックスしてさ、遊びてえんだよ。どのみちみんな仕事しに出てきちまったわけだから、仕事がねえなら、みんなでちょっと一杯やってこようぜって話になるわけさ。控室で待ってるあいだも、博打やら何やらいろいろやったぜ。

仕事終わりに同僚同士で食事へ行く機会が多いうえに、仕事中にも頻繁にやりとりをする。中休みのときも、たいていみんなで集まっておしゃべりをしたり麻雀をしたりして、埠頭から出てちょっと何かを食べにいくにもだいたいみんなで行動していた。埠頭近くの屋台は、料理の種類も量も、鉄路街《ティエルージエ》の茶屋と同じぐらい豊富だった。各種の屋台では、一日中どの時間帯でも客足が絶えず、港湾労働者たちがさまざまな料理を注文していた。こうした屋台では、男たちが互いにおごってやろうと伝票を取り合う光景もしばしば見られた。

いまでもまだ茶屋に通っているという港湾労働者はもうほとんどいないが、王家龍《ワンジャーロン》はその数少ない一人である。控室のパソコンのそばで、彼はタバコをふかしながらこう言った。「夜番のときはみんなで誘い合って九份《きゅうふん》に行ったよ。茶館に行くんだけど、酒を持ち込んじゃいけないって知ってるからさ、ビール瓶を新聞紙にくるんで持っていくんだ。まあ、お店の女の子たちもみんな分かってるんだけどね。俺たちは麻雀牌と酒を買っていって、麻雀をやっては星空を見たりして、十三局はやったかな。」

ただし、彼が仕事終わりに酒を飲み星を眺めた日々は、埠頭と基隆の街が最もにぎやかで喧騒に満ちていた金余りの時代の話ではない。「とにかく金が稼げたから、俺たち埠頭の男のうち十人に九人はダメなやつさ。飲む、打つ、買う、全部やってた」——彼がこのように語った時代は、さらにそのあとにやってきた。埠頭にガントリークレーンがそびえ立ち、国際貨物船がコンテナを積んで入港するようになったとき、昼夜を問わずきらびやかだったあの生活が、基隆の港に到来したのである。

■ガントリークレーンの下の工人頭家《カンランタウケー》たち

一九六〇年代、欧米の運輸業は大型パッケージで貨物を運送するようになり、営業コストを切り下げていった。国際航路の貨物船もこうした趨勢にしたがい、コンテナ船が主流となった。台湾では一九六〇年代末に最初の臨時コンテナ埠頭が登場した。コンテナの積み卸しに使われるガントリークレーンが埠頭に設置されてからというもの、貨物船の周囲には、手作業なりフォークリフトなりで貨物の積み卸しをする苦力《クーリー》の姿は見られなくなった。代わって出現したのは、十階建てのビルと同じぐらいの高さの巨大なガントリークレーンと、川の水のごとく絶え間なく行き来する大型トレーラーの群れであった。

埠頭における運搬手段の変化は、手作業での荷役に従事する苦力《クーリー》の大多数がやがてグローバル市場の労働ラインから振り落とされることを暗示するものだった。一九七〇、八〇年代以降、骨の折れる荷役作業の大部分を徐々に機械が引き受けるようになると、苦力《クーリー》はもはや、休むことも許されず極度に負担の重い「苦力」(中国語で「つらい力仕事」の意)の担い手ではなくなった。

こうした大変化の前夜の港街は、かえって殷賑《いんしん》をきわめていた。それはたとえて言えば、月下美人が最後の一夜に咲き乱れるかのようであった。

埠頭が機械化されはじめた当初、結果として業務量は激減したものの、労働人員と給料は一切削減されなかった。そのため、彼らの労働状況は、生産構造の変化によって大きく左右されることとなった。給料は変わらなかったものの、もとは息をつく暇もないほど忙しかったのが、いたずらに空き時間が増えるようになった。人手に対して仕事が少なすぎたため、一九七〇年代に運搬機械の使用が一般化すると、労働者のなかには同僚に代理で仕事を頼む者が出はじめた。毎月、四・六か三・七の割合で、代理で働いてくれた同僚に報酬を渡すというやり方で、当時彼らは「工人頭家《カンランタウケー》」＊2と呼ばれた。工人頭家はたいてい埠頭の外で別の仕事を探した。株式投資を学びはじめた者もいたし、思い切って十年以上離れていた故郷へと帰り、また家族と一緒に暮らしはじめた者もいた。なかには苦力《クーリー》を退いた者もいたが、基隆港に残った労働者は、仕事の代理を探す側も、代理に応ずる側もみな毎月二種類の給料をもらうようになり、本給も一年ごとに調整が加えられた。李永発は言う。

前に別のやつとペアを組んだことがあったよ。つまり、俺は昼間働いて、相方が夜働く。あるいは、相方が昼間働いて、俺は夜働くんだ。相方が丸一年ずっと仕事に来ないこともあったなあ。姿を見かけることすらなかった。だから、俺が相方の仕事を代わってやった。俺が代わりに給料をもらっておいてやって、そのうち三割は俺がもらう。残った七割は相方のもんだ。毎月記録しておいて、あとで会ったときに渡す。あの頃は、一回仕事したら三回休み。仕事はあまりなかったよ。だから、昼夜両方働いてもたいしたことなかった。みんな二十日も働けば、副収入もあるからさ、十数万はもらえたぜ。

もともとは、船の待ち時間に暇をつぶす必要があり、そうしたきつい労働のご褒美として、「苦力《クーリー》の時代」に娯楽産業が発展したのであった。一九八〇年代になると、月給は二重取りで仕事も楽、という雰囲気のもと、仕事待ちのあいだも仕事が終わってからも、娯楽産業はますます労働者が活気づく生活空間となっていった。男たちがあの頃に等しく経験していたのは、金銭によって積み上げられた「永遠の繁栄」の感覚であった。李永発は現在、すでに引退できる年齢になってはいるものの、息子夫婦の収入が生計を立てていくには足りないため、「少しでも息子が孫を養う足しになれば」という思いから仕方なく埠頭で働いている。しかし、彼が永遠に明かりが消えることのなかった当時の基隆港の夜の生活について語るとき、その顔には抑えきれない笑みがこぼれる。「あの頃、金はたくさんあったよ。誰もが四、五万元ぐらいは持ち歩いて、いざというときに備えていた。俺たちはいつも店の主人に金を預けていたんだ。一万元かもっとかな。次に友達を連れていったら直接そこから引いてもらえばいい。なくなったら、また渡すんだ。」

一九八四年、海外との接点をなすこの小さな港は、一躍世界第七位の規模を誇るコンテナ埠頭となった。入港する国際コンテナ船に合わせて巨大なガントリークレーンが設置され、その結果工人頭家《カンランタウケー》が現れて、同時に新たな労働者も吸い寄せられてきた。夜の主役はもはや、荷役労働者たちではなくなった。新たな主役となったのは、埠頭の内外に出現した大型トレーラーを運転する男たちである。かつて台湾北東部や中部からやってきた苦力《クーリー》とは異なり、トレーラーに巨大なコンテナを積んで走るこうした男たちの大多数は、基隆の地元出身者か、地縁的に近い台湾北部の出身者であった。

トレーラーは所有者に応じて会社車輛と契約車輛の二種類に分けられる。前者のトレーラーは会社の所有であり、運転手は会社が雇った従業員である。給料と労働時間は決まっており、会社の規定に応じて昼夜シフトで交代する。後者のトレーラーは運転手自身の所有で、「名義貸し」方式で会社に登録してコンテナ輸送を請け負う。双方に雇用関係はなく、ガソリン代や修繕費は運転手が自分で負担しなければならない。つまり自分自身が「親方」で、毎月の収入は運んだコンテナの数によって決まる、というわけだ。

契約車輛の運転手の収入は、雇われて会社の車を走らせる運転手の収入よりもかなり高く、毎月だいたい十数万元から二十万元にのぼった。中古トレーラーを分割払いで買う頭金として十分な元手があれば、会社所属の運転手はたいてい契約ドライバーに転身しようとする。[10]「名義貸し」の運転手たちは、実際にはいずれの運送会社にも縛られてはいないのだが、長期にわたって同じ運送会社のコンテナを運ぶうちに徐々に人間関係が形成され、「チーム」に属すようになる。同じチームの運転手はいつも同じ会社のコンテナを協力して運び、同じ無線チャンネルを使い、仕事終わりや忘年会・新年会といった特定の日には、フォーマルにせよプライベートにせよ、不定期的に集まりがあった。

コンテナ船が頻繁に入港した一九八〇年代の埠頭では、新参の労働者ともはや「苦力」ではなくなった苦力《クーリー》とが、短期間ながらも、ガントリークレーンの下の空間で入り混じって働いていた。運転手はトレーラーを操縦し、荷役労働者はトレーラーが停車しているあいだにコンテナ貨物の積み卸しをおこなった。だが、同じ空間に身を置いていたとはいえ、労働条件の違いから、彼らのあいだには一線が引かれており、そのためにそれぞれ異なる身分意識や人間関係、階級意識を形成していった。トレーラーの運転手は高いところにある運転席に座って、無線チャンネルで埠頭の荷役労働者のことを「おともだち」と呼んでいた。つまり、彼らにとっての仕事上の同僚の意味である。

このように二つのグループに分かれた男たちは、同じ埠頭にいながらもそれぞれ異なる人間関係を築いていた一方で、埠頭の外ではむしろ似たような社会生活を送っていた。かつて苦力《クーリー》によってこの地に築き上げられた豊富な娯楽産業は、一九八〇年代になるとトレーラー運転手の生活空間へと受け継がれ、彼らの生活スタイルをつくりあげていった。トレーラー運転手たちがずっぷりと身を浸した生活空間や、「稼いでは通った」という特定の類いの店の数々は、まさに工人頭家《カンランタウケー》によってもたらされた「紙酔金迷《しすいきんめい》」の時代の産物であった。基隆港が寂れていく前夜に、トレーラー運転手たちもまた、荷役労働者たちが暇つぶしをしたのと同じ生活空間へ入り込み、彼らが埠頭近辺の食堂や茶屋に出入りするようになると、この街はますますのにぎわいをみせたのであった。

李正徳はまさにこのような「苦力《クーリー》が「苦力」でなくなり、工人頭家《カンランタウケー》になりかわった」時代に、もといた職場を離れ、当時のチームの仲間たちと相前後してこの港街へやってきた。そして、「一歩あるけば金を踏む」と言われたこの埠頭へと足を踏み入れ、荷役労働者たちとともに、この港街の夜に煌々と明かりを灯すことになった。八〇年代の生活に話題を向けると、李正徳の声色はいつも高くなる。ほかの苦力《クーリー》たちと同様、わりと無表情でいかめしく見えるその顔も、うって変わって柔らかくなる。それこそ笑みがこぼれるのを堪えきれないという様子で、彼は男たちのかつての姿を語りだした。

一か月に三十数往復はしたかな。それで十万元以上の収入になったよ。もし仕事で不愉快なことがあったら、いつも俺たちもそう言ってたんだけど、「車のキーを返しちゃえばいい」[11]。あの頃はちょっと風神みたいだったなあ。午後の二時、三時から夜中の一時、二時くらいまで、三、四回河岸を変えて飲んで、茶屋に行ったり一品料理の店に行ったり。あらゆる店があったからね、ずっと同じ店になんていられないよ。一晩で何千元も使っちゃってさ、笑っちゃうよな。

埠頭の景気の活況ぶりを聞きつけ、李正徳のような成年男性が次々と吸い込まれるように転職してきた。その影響で、まだ学校に通っている地元の十代の少年たちのなかにも、港湾を起点に張り巡らされたネットワークにいち早く入り込む者が多くなり、通関代行業者や自動車修理工場ではしばしば少年たちの姿が見られた。李正徳のチームの同僚である阿亮《アーリャン》は、中学三年の一学期が終わる前に学校をやめ、埠頭での仕事に身を投じるようになった。当時、基隆の港街では、学歴は重要な資本ではなく、親族のつながりこそが経済条件を決定づけた。阿亮の場合も、この街における大半の家庭がそうであるように、彼より六歳年上の兄が阿亮を自分の働いている通関代行業者に引き入れてくれたのであった。一九八九年の時点で阿亮は十五歳、一か月分の本給に加えて驚くような金額の副収入もあって、毎月の収入は約六、七万元にのぼった。

みんな副収入がたくさんあったよ。これは給料以外の収入でね、船会社は見て見ぬふりだった。かまったところで、他人の稼ぎ口を邪魔することになるし、そもそも何千、何万程度は気にしちゃいねえんだ。だって、船が来たら、船会社は何十万、何百万と稼げるんだからな。忠四街《ジョンスージエ》の郭家水餃《グオジャーシュイジャオ》〔餃子屋〕へ行って聞いてごらんよ。港がにぎわってたときは、昼前にはどの机の下にも半ケースから一ケースぶんの酒が置いてあったよ。じゃんじゃん稼げるし、仕事も暇だったからな。

李正徳もまた、港に入る貨物船と埠頭で働く男たちが一緒になってつくりあげていた当時の情景を、こう回想する。「簡単に言うとな、むかしは稼ぐのが早ければ、使うのも早かった。あの頃はあちこち飲みに行ったもんだ。」彼が言う「あちこち」というのは、すなわち埠頭近くの小吃店《シャオチー》や茶屋のことである。当時どこにでも見られたこうした茶屋や小食堂は、国際貨物船が絶え間なくやってきたあの時代に、単に港湾労働者の腹を満たし、無数の船待ちの時間をつぶす場所となっていただけではなかった。それらは誰も気づかぬうちに、埠頭の少年や男たちの特殊な人生の瞬間において、文化的にも心理的にもかけがえのない居場所となっていたのである。

原注

(1) 港湾労働者に関する中国語による研究では、多くの場合、港湾労働者を「苦力(クーリー)」と呼び、主にその者の労働が過酷な力仕事であるという含意でこの語を用いている。しかし、私が二〇〇九年に接触した二十数人の港湾労働者が「苦力」という言葉を使う際、彼らの発音は中国語の「苦力(kŭ lì)」とは異なり、むしろ日本語の「苦力(クーリー)」のアクセントに近かった〔日本語の場合「クー」にアクセントが置かれるのに対し、中国語では「クー」を低く、「リー」を高く発音する〕。彼らの多くはいまでも自分たちのことを「苦力」と呼んでいるが、これは日本統治時代における港湾労働者の呼称をそのまま使いつづけているのだという。したがって彼らがこの呼称を用いるのは、みずからの従事する肉体労働が中国語でいうところの「苦力」、すなわち「過酷な力仕事」にあたることを示すためではないものと思われる。

(2) 埠頭の苦力の収入は一般の労働者に比べれば高かった。しかし、埠頭の仕事は結局のところ体力勝負なので、地元の労働者の大部分は「中船(中国造船公司)」に入社し、安定した職に就いた。地元出身の苦力がいたとしても、職を転々とした末に埠頭へやってくるというケースがほとんどで、よその土地出身の苦力が直接埠頭の仕事に入るのとは訳が違っていた。

(3) 「五十公司」という呼び名は、いま〔二〇一六年時点〕では六十歳以上の荷役労働者でなければ分からない。若手の港湾労働者はその時代には基隆にいなかったので、彼らの記憶は労働組合（すなわち港湾荷役労働組合）の時代から始まっている。

（4）「清水幫」は「大甲幫」という場合もあるが、いずれも沙鹿《シャールー》、龍井《ロンジン》、清水《チンシュイ》、大甲《ダージャー》など台中の沿海地方を指している〔「幫」とは、中国語である特定の属性や目的によって形成されたグループを意味する。ここでは出身地別の地縁的労働者グループを指す〕。

（5）養成講座は一九六四年以降、港務局職員訓練所となった。訓練内容や学生によって修了後の埠頭での持ち場は異なった。三回にわたって訓練期間の調整がおこなわれ、一九五六年は三年だったが、一九六六年には短縮して一年、一九六八年には二年に延長された。

（6）海上班は船倉・埠頭間の荷役をおこない、陸上班は倉庫への貨物の出し入れや、埠頭と倉庫、倉庫と貨車・列車とのあいだでの貨物運搬を担当した。

（7）複数の地元住民が私に語ったところによれば、当時は少なからぬ埠頭外の人間も、埠頭とのさまざまな人間関係を利用し、破損品の水増し報告等の方法によって貨物船の輸入商品を大量に集め、転売していたという。

（8）当時、港湾労働者には金があり余っていたので、埠頭の内外では少なからぬ地下組織が出現し、それぞれの思惑によって、労働者のあいだでは盛んに賭博がおこなわれていた。いったんこうした遊びにはまってしまうと、労働者の手厚い給与も右から左へ流れ出してしまい、質屋を利用する者が出たのだという。

（9）こうした非正規の労働者は埠頭の臨時作業員として雇われた者たちであり、当時は「散苦力（サンクーリー）」と呼ばれていた。

(10) 契約車輛の運転手は通常、まず使用に堪える中古トレーラーを頭金を入れて分割払いで購入し、その後コンテナ輸送の仕事をしながら、こまごまとした欠陥を修理していく。この長期にわたる修繕のための出費と車輛購入費の分割での支払いが、運転手の毎月の固定支出として、彼らに重くのしかかる。

(11) ここではつまり、車のキーを会社に返却すれば、いつでも親方を代えられたということを意味している。というのも、トレーラー運転手を必要とする会社はたくさんあったからである。

訳注

＊1 基隆埠頭における労働組合の変遷はやや複雑である。本文でも述べられているように、当初、港務局は予算の問題から、労賃の立替払いなどで埠頭労働現場の親方(原語：頭人)たちに協力を要請した。五十人の親方がいたことから「五十公司」と呼ばれたが、これは非公式の団体であり、「五十公司」はあくまでも通称である。その後、基隆市港湾荷役労働組合(基隆市港阜裝卸職業工會)を経て、一九四九年十月に基隆市埠頭運送業労働組合(基隆市碼頭運送業職業工會)となり、一九九二年には基隆市埠頭荷役運送労働組合(基隆市碼頭裝卸搬運職業工會)と改称された(陳世一《基隆港、市與相關行業：百年發展的歷程》基隆市臺灣頭文化協會、二〇一一年、二六一—二六三頁を参照)。

＊2 「工人頭家」の「工人」は中国語で肉体労働者を、「頭家」は台湾語で親方を意味する。つまり、一介の労働者でありながら、同時に他の労働者を雇う点では親方のような立場にもなるという、二重の属性をもつ者を指している。著者に確認したところ、この語は台湾語で発音されていたとのことだったので、ここでも台湾語による読みとしている。

第3章　茶屋の阿姨《アーイー》たち

一九六〇年代から八〇年代にかけて、基隆の埠頭にはよその土地の男性労働者が次々と引き寄せられてきた。港湾労働者は、船の入港に備えて常に待機していなければならなかったことで、自分の家族や地元の労働者たちとは別の生活世界へと引き込まれていくこととなった。

埠頭から一キロも離れていないところにある、鉄道沿いに広がる各種の飲食・娯楽兼業の店が、そうした男性労働者たちが日常的に集まる場所となっていた。気軽に来られる距離にあったので、労働者同士の人間関係はもはや埠頭において地縁的に区分けされた各班隊に限定されなくなり、埠頭の外にまで広がった社会空間のなかでも労働者同士が出会うようになった。こうした大小さまざまな場所が苦力《クーリー》に特有の社会空間をつくりあげ、埠頭から遠く離れられないこの集団の生活を支えていた。そしてこの空間が、港湾労働者の生活世界の主要なシーンとなっていったのである。

■鉄路街

台湾の住宅建築史上にまだエレベーターが存在せず、大部分の民家が一階建てもしくは二階建ての低層建築であった時代、基隆市街の建物は早くも階数を重ねる形で、上へ向かって発展していた。雨がちで坂が多く、人口密度も高いため、住民の活動はほとんど屋内空間に集中していた。どの建物も一階を商業活動に供していただけでなく、各階にもさまざまなテナントが入居しているのが常であり、一階店舗脇にある狭い階段が各フロアに通じている。各フロアの店舗は商売の特性や客層に応じてそれぞれの方法で客を呼び込んでおり、ディスプレイや音声を使う店もあれば、静かで淡々とした調子の店もある。階段の先にあるさまざまな店のなかでは、労働者の日々の生活とじかに結びついた飲食業や娯楽業が、数のうえでも形態のうえでも最も豊富であり、目の覚めるようなこの街の光景を織り成していた。

私がフィールドワークを始めたときには、港湾労働者たちが最もにぎやかだったと話す時代はすでに過ぎ去ってはいたが、二〇〇九年当時の港街を少し歩くだけでもすぐに飲食店に行き当たった。店の脇の階段口や建物の一階に掲げられたテナントの看板を見ると、通関代行業を除いて最も多かったのがカラオケ店と居酒屋であり、それがどうしてなのか、最初は分からなかった。西岸埠頭のあたりでも、海鮮料理店の看板を見ると、店名の横にそれと同じくらいの大きさの字で「セルフカラオケあり」と書かれていた。

清茶館[*1]や茶屋、カラオケ店といった娯楽の場は、この街の各所、各建物の階上の各フロアに遍在している。一方、市街地からさほど遠くないある地域には、こうした茶屋が際立って集中した一画がある。

基隆駅から南へ歩き、仁愛《レンアイ》市場を通って龍安街に入ると、線路の左側にぴったりとくっつく形で低層の建物が列をなしている路地が見えてくる。港湾労働者や地元の人たちはみなこの一帯にある店を「紅灯戸《ホンドンフー》」[*2]〔赤線〕と呼んでいる。ここは日本統治時代にはこの地域における性産業区域だった。

紅灯戸は一見しただけでも、茶屋やカラオケ店とは少し様子が違っていた。看板はなく、店の裏口のすぐそばまで線路が迫っている。表の向かい側には別の低層店舗が並び、互いに表口同士で向き合うようにして建っている。店は細長い形状をしており、通りに面した側に幅一メートル弱のドアがあるほか、半身ほどの高さのところに鉄窓がある。女性労働者はそれぞれの部屋で鉄窓のそばに立ち、そこから通りを行き交う人を見たり見られたりしている。

紅灯戸のあるエリアを離れてさらに何分か歩くと、また別の光景が広がっていた。外壁が一様にピンクに塗り上げられた四、五階建ての建物が路地の両側に立ち並び、路地の外の世界とはまったく違った独特な空間を形成している。市の中心部の建物ではたいていフロアごとにさまざまな店や住居が入っているのに対し、ここではどの建物もその大部分が一つのテナントで占められており、看板を見るとほとんどが軽食店や清茶館、茶屋、カラオケ店などであった。営業内容の違いにかかわらず、どの看板にもきらびやかな店名がおどり、フレームにはネオンの明かりが輝いている。店の表側には、室内が見通せないほど色の濃い大きなガラス窓が嵌め込まれている。店によっては窓さえもなく、入り口のドアの上でピンクの電灯が煌々と光っているだけというところもあった。

一九九〇年代末まで、この場所と紅灯戸とはひとつながりになっており、基隆で最もにぎわいをみせる地域であった。市内で最も飲食・娯楽産業が密集したエリアで、当時は「鉄路街《ティエルージエ》」と呼ばれた。以前よくここに出入りし、派出所の警官とも馴染みであったという苦力《クーリー》の話では、鉄路街の茶屋は最盛期には千軒以上にのぼったという。私が接触した基隆の人々の記憶でも、鉄路街の軽食店や茶屋はいつも仕事待ちや仕事終わりの荷役労働者たちでいっぱいで、いろんなチームのトレーラー運転手たちも来ていたという。これらの男性たちは、茶屋のテーブル席についてただおしゃべりをしながら船待ちの時間をつぶしていただけではない。屋内にはほかにも二、三坪もない間仕切りされた空間があって、彼らはそこでさまざまな人間関係を取り結び、仕事の調整などもおこなっていた。

多くの男性港湾労働者によって織り成されるこの光景のなかで、飲食・娯楽産業に従事していた女性たちは、その社会史的・経済的要因のために、市街地の軽食店で働く地元の女性や港湾労働者の配偶者たちとは様子を異にしていた。茶屋やカラオケ店で働くのは、その多くが経済的困難を抱えてよその土地からやってきた女性たちであった。その原因は、配偶者や自分自身が賭博でつくった借金や、親世代からの経済的困難であった。彼女たちは単身で、あるいは幼子を連れて、勝手も知らぬこの港街へやってきた。そして、鉄路街の茶屋の一室で、「阿《アー》姨《イー》」*3〔おばさん〕という若者には似つかわしくない名前で呼ばれるようになったのである。

ある土曜日のこと、阿亮《アーリャン》が李正徳に電話をかけてきて会う約束をしたとき、私はちょうど李正徳の家のリビングにいた。数十分後、私は彼らのあとについて、鉄路街にある一軒の茶屋に入った。鉄路街はそれ以前にも何度も歩きまわったことがあったが、茶屋のなかへ足を踏み入れるのはこの日が初めてだった。外から店のなかの様子を見てみると、入り口のドアは開いているものの、店内があまり明るくないので、中に何があるのかは分からない。店に入ると、卓上灯が一つともっているだけで、カウンターの内側でうつむく女性を照らし出していた。阿亮が入るなり「阿姨《アーイー》」と声をかけたその女性は、長い髪にウェーブがかかり、薄化粧をしていた。年の頃は六十歳くらいである。彼女はカウンターのなかで頭をもたげると、久しく会っていなかったのか、急いで記憶を探るかのように一、二秒ぼんやりとしたあと、笑顔で応じた。

「あら、阿亮《アーリャン》、来てくれたのね。」

簡単に挨拶を交わしたあと、「阿姨」こと陳《チェン》さんは私たちを階上へ案内してくれた。狭くるしい階段は、最大限に空間を節約するように、上へ向かってぐるりと回りこむ形になっている。この日の客が私たち一組だけだったからなのかどうかは分からないが、部屋の明かりはほとんど消されていた。各階には間仕切りされた座席が設けられていた。私は三人のあとについて歩いていたが、何かを嗅ぎまわるように列を離れてその仄《ほの》暗い場所に勝手に入り込むような真似はしたくなかったので、階段の位置からその様子を見たにすぎない。それだけでは全貌を把握することはできなかったが、それでも言えるのは、店全体の雰囲気は、たとえそこに明かりが灯ったところで、私が勝手に想像していたような「きらびやか」なイメージとはほど遠かったということである。

陳さんは私たちを連れて三階まであがり、左に曲がった。そこはドアがなく、三、四坪ほどの広さの半開放の静かな空間となっていた。壁がある三つの面にはそれぞれ四、五人ほど座れるピンク色のソファーが置かれており、真ん中には細長いローテーブルがある。ソファーがなく空いている側には小さな木製の台があり、テレビディスプレイがのっかっている。みんながまだ腰を下ろさないうちに陳さんがリモコンのボタンを押すと、ディスプレイにオート再生のカラオケ映像が映った。部屋に音が響きわたり、天井の黄色い照明がすべて灯ると、ようやく壁にブラインドの下ろされた小窓があるのが目に入った。ブラインドを上げると、三坑《サンケン》駅近くの線路が見える。

陳さんは注文を受けながら、三人それぞれと軽くおしゃべりをする。たかだか十数分くらいのことだったが、彼女はさりげなく一人ひとりに気を配っており、誰も冷たくあしらわれたり、忘れられたりということはなかった。私は、阿亮も李正徳も、しゃべっていないときはずっと陳さんのほうを見ており、絶え間なく音楽が流れるディスプレイになど目もくれていないことに気がついた。陳さんは、私が基隆に滞在している理由を知ると、彼女のほうからどんなことが知りたいのかと訊ねてくれた。そして、彼女自身と茶屋の由来についても簡単に話してくれた。彼女は阿亮の母親の親友で、若い頃は日本で仕事をしていた。一九七〇年代初めに日本から台湾へ戻ってきて、鉄路街にある実家でこの茶屋を開いた。彼女が言うには、その頃、この三階建ての建物は毎日いつでもお客さんでいっぱいだったという。

民国六十年代（一九七〇年代）頃は、茶屋はとても流行ってたの。このあたりは全部そうだったのよ。酒店《ジョウディエン》（キャバクラ）とか阿公店《アーゴンディエン》*4とか、清茶館とかね。あとからカラオケ店も増えたわ。いつだって、どこも人ばかり。埠頭の苦力《クーリー》とか、トラックの運転手が一番多かったわね。

茶屋は底辺のほうで、お客さんが使うお金は酒店より少なかったのよ。阿公店は非合法の店で、飲食店の名義でやってたわね。内装もわりあいシンプルだった。それから、清茶館というのは、友達同士で落ち合っておしゃべりするところ。お茶を飲んだり、カラオケ歌ったりしてね。お茶はワンセット数百元で、あと瓜子《グアズ》〔ウリ類の種を塩で炒った茶請け〕とか落花生とか、そんなものよ。女の子はいないし、これといったつまみもないのよ。

ここの女の子は、若い娘《こ》もいるし、ちょっと年がいってる人もいるわ。たいていはよそから来た人ね。経済的な問題があって来てるの。たとえば、旦那の稼ぎが悪いとか、離婚したとか、あと自分が賭け事にはまっちゃって借金があるとかね。

この店の女性は、一番多かったときで二十人近くはいたという。埠頭の民営化以後、彼女たちは次々と店を去っていき、いまでも残っているのはアルバイトの一、二人ぐらいで、客がいるときだけ店に出てくる。陳さんはこうしたことを話すときでも、特に感情の動きはみせなかった。私はさらに、客がいなくなったらこの店と陳さんの生活はどうなるのかと聞いてみた。彼女は軽く笑いながらこう答えた。「生活を切りつめることね。幸い、ここは自分の家だから、お客さんがいればやるし、お客さんがいなくてもあまりプレッシャーはないわよ。もう若くはないから。若い娘《こ》だとちょっと大変ね。子どもを養わないといけないし、借金もあるし。なんとかして生活しないといけない。いま私はね、娘が孫を産んで抱っこさせてくれるのを待ってるのよ。」

しばらくおしゃべりをしたあと、陳さんは私たちの注文伝票を持って下りていった。何分もしないうちに、三十代初めぐらいの阿姨《アーイー》が入ってきて、私たちのあいだに座った。

私の錯覚だったかもしれないが、先ほどと比べて、このときの雰囲気はあまり気軽な感じではなかった。この若い阿姨が私の姿を目にとめるや、彼女の目に戸惑いと気まずさが浮かんだことに、阿亮も気づいたのかもしれない。阿亮は彼女に私を紹介し、私も簡単に自己紹介をした。それから二十分たらずのあいだ、この阿姨はあまり話をしなかった。彼女はずっとほかの人が話すのを聞きながら座っており、その間、小皿料理を一度つまみ、阿亮が彼女に向かって乾杯したときにグラス半分のお酒を飲んだだけだった。阿亮と李正徳は、特にこの阿姨を話に誘い込もうとするわけではなかった。阿亮はある同僚との折り合いの悪さについて一方的にまくし立てており、李正徳は軽くうなずきながら、二人の反りが合わない原因について考えられることを話していた。阿亮がやや落ち着いてくると、李正徳は阿亮と阿姨に向けて乾杯した。やがて阿姨は、阿亮と李正徳のおしゃべりに一段落ついた隙を見計らい、お辞儀してこう言った。「それじゃ、私は失礼しますね。お話ししててください。私は下に戻ります。」

李正徳と阿亮の二人が言うには、阿姨がこれほど早く席を立つことなどめったにないらしい。

私はずっと、場違いな自分がこの席に居座ったせいだろうと思っていた。[1]しかしながら、二人の阿姨がそれぞれこの部屋にいたときも、私たち三人だけで過ごすあいだも、合わせて一時間ほどのこの時間は、どこからどう見ても友人同士が誰かの家のリビングでおしゃべりしているような雰囲気であった。

茶屋では、男たちは仕事や家のことを話し、不愉快だったことを吐露する者もいれば、ちょっとした話で気持ちが楽になる者もいる。乾杯のグラスを合わせることを気慰みにする者もいるし、談笑するなかで頼み事を聞き入れる者もいる。顔色は変えずに、ある話題に仮託しながら自分の本音を言い表す者もいる。

この日、私が理解したのは、埠頭の男たちをきわめて密度の濃い感情のやりとりへと駆り立てているのは、店の女性から発せられるフェロモンの曖昧な作用などではなく、私がこれまで見たことのない「何か」であるということだった。阿姨たちは、あの小部屋のなかで、その場に居合わせたあらゆる人に気配りをみせていた。私は思わず、自分が面談室でクライアントと面談している情景を連想した。

私があの薄暗い小部屋で経験した種々の出来事のなかには、さまざまな感情が混在していた。そこには、接待されているうちに得られた「分かってもらえた」という感覚がたしかに含まれていた。それは、隣に座っている阿姨や、自分が適切な扱いを受けられると「分かっている」

ことから得られる安心感なのであった。

■言葉では言い表せない渇望

まだインフォーマントについて調査に出る前のこと、私は紅灯戸《ホンドンフー》のある路地裏を何度も歩きに行った。そのたびに、もう一歩踏み込んで、窓から顔を覗かせている女性従業員と話をしてみたいと思っていたが、結局その思いを果たすことはなかった。当時私が自分自身に「一歩踏み込む」ことをさせなかったのは、ひとまずこの基隆を――少なくとも、一年たらずの限られた時間のなかでは――港湾労働者の目に映る世界を通して見てみたいと考えていたからである。彼らとあの窓の内側の女性たちとの物語について、男たちが何を話すのか、そしてどのように語るのかを、私は知りたかった。しかし、私が二〇〇九年に港湾労働者に接触したとき、彼らは茶屋のことや、そこで働く阿姨《アーイー》についてはよく話してくれたものの、紅灯戸についてみずから話す人は誰もいなかった。

私のほうから彼らが紅灯戸へ通っていた当時のことを訊ねても、彼らは多くを語らず、紅灯戸の狭いドアをくぐった時代などとっくに過ぎたむかしのことだから「特に話すことはない」と言うばかりであった。このことは、部分的には、私が女性であることや大学院生という身分と関係していたのかもしれない。しかし、彼らが紅灯戸や茶屋や阿姨たちについて語ったことをつなぎ合わせて深く考えた結果、私はまた別の解釈に傾いた。この男性たちが紅灯戸についてあまり語らない（語りたがらない）のは、彼らが「性」というものの本質をどのように考えているかということと大きく関係しているのではないだろうか。というのも、埠頭の男たちは、誰もがその内心において紅灯戸と茶屋とを区別しており、紅灯戸が象徴する「性」と、茶屋が意味する「何か」とは明確に識別されていたからだ。

埠頭の労働者にせよ、ほかの産業に従事する労働者にせよ、「埠頭の男たち」についてはく多くの似通ったイメージが共有されていた。「俺たちみたいな埠頭の男は、十人いたら九人はダメなやつさ」「とにかく金が稼げたから、悪い遊びを覚えちゃうんだよ。飲む、打つ、買う、全部やった」――こうした言い方のうち「ダメなやつ」や「悪い遊び」、「買う」というのは、いずれも茶屋で起こったことを指すのではない。茶屋の阿姨のことに話が及ぶと、王家龍《ワンジャーロン》やその他大勢の港湾労働者たちはみな同じような言い方をする。

別に、女が欲しくてベッドに連れ込むとか、そういうものじゃないんだ。紅灯戸へ行くのは、たいてい酔いつぶれていたとか、奥さんがいないやつで、生理的な欲求があるから行く。酒店《ジョウディエン》とか茶屋へ行くやつは、ゆっくり時間を過ごしながら気持ちのこもったやりとりをしたいだけなんだよ。あそこで働いている人はね、酒飲んだりおしゃべりしたり、歌ったりするのに付き合うのが仕事なんだ。お持ち帰りしようなんて、ありえないよ。

王家龍はまだ未成年だった頃から叔父に連れられて埠頭で手作業スタッフとして働きはじめ、埠頭に出る日にはみんなと一緒に鉄路街へ行っていた。彼は、埠頭の少年たちがどのようにして鉄路街へ行くようになったのかを話してくれた。

俺が民国六十七年〔一九七八年〕に埠頭へ入ったときは、十七、八歳くらいだった。同僚はみんな三十代で、俺を茶屋へ連れていってくれたよ。俺も同僚たちと仲間になるためについていった。だいたいは船を待ってるときだった。遠くへは行けねえし、自分一人だけ控室にもいられねえからさ、みんなで誘い合って茶屋へ行って飲んだり歌ったりするんだ。

本当のこと言うと、ああいうところに行くのは別に好きなわけじゃない。疲れるんだよな。俺の隣に座る女の人も疲れるだろうし、何しゃべったらいいのか分からねえから、ただ二人で座ってるだけだ。俺は女性に言い寄ったりはしないんだが、かといって行かないわけにもいかねえし。あんまり付き合いが悪いのもよくねえしなあ。

いまじゃもう年だから、ほんとに飲めなくなったけどさ、呼び出されることがあるんだよ。この浮世にあっちゃままならねえことも多いってもんさ。友達と一緒なら、酒が入るからかもしれないけど、男同士だから気取らずに話せるんだよ。酒を飲んで、少なくとも三、四時間はいるかな。わりと長くなっちまうな。

少なくとも最初の時点では、茶屋の阿姨たちが受け入れるのは、埠頭の男たちの性的な想像や欲求ではないのだ。彼女たちが包容したのは、それとはまた別の、重要なのだがはっきりとは言い表せず、見聞きすることもできないような「何か」なのであった。

李正徳は最初の妻とも二番目の妻とも茶屋で知り合った。彼が語ったことは、彼だけに特有の経験やものの見方というわけではない。そこには、埠頭の男たちの多くが阿姨のことをどのように考えているのか、そして、彼らと阿姨がリビングで過ごすようなうちとけた雰囲気のなかで、紅灯戸の女性たちとは異なるその関係性をどのようにつくりあげていたのかが反映されている。

俺はわりあいと早く社会に出たからさ、同僚はみんな叔父さんくらいの年齢だったよ。彼らはみんな、若い頃はいわゆる「紅灯戸」ってとこへ行ってた。だって、若いときってそっち方面の刺激が欲しいじゃないか。年をとってからは茶屋へ行くことが多くなって、おしゃべりをしたりする。だから、俺が茶屋へ行ったのも、誰かが連れていってくれたのが最初だよ。店のお姉ちゃんも十五、六歳から六十過ぎまでいろいろいたよ。入ったことのない店へ行こうなんて言うバカはいねえ。誰かが前に行ったことあって、よかったよ、という店がある。それで、連れてってくれるやつがいれば、みんなでその店に行くことになる。

行ったら、相性の合うお姉ちゃんを探すんだ。あまり若すぎる娘《こ》は選ばなかった。新米だとね、結局経験がないから、世の中のことが分かっちゃいねえんだ。ちょっと生意気だしな。けど、三十過ぎだとやっぱり違う。世間の人情ってやつがわりと分かるから。俺たちが茶屋へ行くのは、出会いを求めてるとか、どうにかなりたいってわけじゃないんだ。おしゃべりしたり酒を飲んだりするためで、だから三十過ぎがわりと合う。

俺たちはダジャレをとばしたり、下ネタもあったけど、内容のある話をすることだってあんだぜ。たとえば政治のこととかさ。間違ったことを言おうものなら、彼女たちからツッコまれるんだよ。客もそれでメンツがつぶされたなんて思わねえ。むしろそれがおもしろかった。もしも自分は金を払うんだからご主人様だ、王子様だなんて思ってたら、次に来たとき誰も隣に座っちゃくれねえよ。彼女たちだって、そんなに稼げるわけじゃねえんだ。客の隣に二、三時間座って、せいぜい二、三百元ってところさ。

張勝雄《ジャンションシオン》は数年前に離婚し、いまは、茶屋をやめて飲食店のフロアの仕事に就いたばかりの女性と同棲している。埠頭が民営化される前もいまも、埠頭で仕事がないときは、彼はいつも茶屋で時間をつぶすことにしている。

紅灯戸に行きたいとは思わない。だって、情がねえだろ。たいていは友達とか、馴染みに会いにいくんだよ。むかし茶屋で知り合ったときは、彼女たちもまだ若かったなあ。いまじゃ俺たちも老けたし、彼女たちも老けちまったさ(笑)。酒飲んだり歌ったりしたあとは、彼女を連れて萬里《ワンリー》へ行って風呂に入って、(2)ひと歩きして、また歌ったりしたっけ。俺の恋人は仕事に行かないといけないから、埠頭の仕事がないときは何をしたらいいのか分かんねえんだ。だから、友達に会いにいく。

労働者からすると、隣に座る女性と将来的に性的な関係へと発展するかどうかにかかわらず、まずは必然的に、お互いのことを知り合うプロセスがある。たとえのちに肉体関係をもつことになったとしても、それは商売上の対価としてのものではない。どちらの立場からしても、茶屋やカラオケ店の営業内容に売春は含まれておらず、食事や酒の場でのやりとりを除けば、あとはその場の流れで「何か」が起こるわけだが、それはあくまでも二人の「関係」から発展したものにすぎない。張勝雄は茶屋で隣に座るスタッフを決して「お姉ちゃん」とは呼ばず、彼女たち自身の名前で呼ぶ。なぜなら彼は、自分と茶屋の女性との関係を、一回限りの商売上の関係ではなく「友達」として考えているからである。私はこれを、ある特別な時間的／空間的感覚のなかで形成された「仲間」のような関係なのだと解釈した。

男たちと紅灯戸の女性とのあいだには一時的な商売関係しかない、と埠頭の労働者たちは言う。一方、男たちが埠頭のゲートを出て鉄路街へ向かい、茶屋のドアを開けるとき、彼らが期待しているのは女性の肉体ではなく、阿姨が隣に座ってくれるときに感じられる「仲間がいる」という感覚なのであった。そのような空間に、自分の話を聞いてくれて、互いに語らえる相手と一緒にいる――それが、男たちの「きちんと相手をしてもらった」「実にきめ細やかな応対をしてもらった」という記憶の情景なのであった。

男たちにせよ阿姨たちにせよ、最初に関係を取り結んだきっかけは商売であったとはいえ、そこには、互いにかならずしも気づいていない、別の心理的願望が入り混じっていた。男たちが金銭と引き換えに求めようとしたのは、性的な意図で女性を誘い出すことでも、生理的快楽を得ることでもなかった。彼らが贖《あがな》おうとしたのは、彼ら自身は口にすることのない、「仲間」への秘めたる渇望であった。

こうしたさまざまな要因によって、埠頭の労働者は、金銭的なやりとりによって懇意の間柄となった阿姨たちを心安く「友達」のカテゴリーへと繰り込み、紅灯戸と茶屋とのあいだに明確な区別をつけたのである。埠頭の労働条件によって枠づけられた特殊な時間／空間構造のなかで、彼ら自身と埠頭の同僚、茶屋の女性の三者が一体となって、「感情」を基底に据えた労働者の社会的ネットワークをつくりあげていた。こうして基隆港の岸辺では、地元住民とは隔絶した港湾労働者の感情にまつわる特殊な様相、すなわち「自分たちはお互いに仲間なのだ」という感覚が広く共有された状態が形成されたのである。

しかし、また別の文化的要因のために、阿姨たちはこの特殊な時代において、単なる「茶屋で働く店員」という以上の意味をもつようになったのだった。埠頭で働く同性の同僚に比べて、阿姨は男たちの「仲間がいる」ことへの内心の渇望により強く応えてくれる存在であり、そうであるがゆえに、彼女たちは港湾労働者の本当の意味での生活世界に巻き込まれていくこととなったのであった。この時代に港湾労働者たちが阿姨に入れ込んでいった背景には、基隆という土地の文化に内在する男性の理想像——「男は〝ガウ・ラン（できるやつ）〟たれ」[3]という期待が存在していた。港湾労働者、同性の同僚たち、女性労働者が織り成す社会的ネットワークにおいて、男たちを女へと傾倒させていったのは、文化的要因にほかならなかった。

■一人の男として——「ガウ」であるということ

李松茂《リーソンマオ》は、一年前に息子が交通事故で入院したため、この間は彼と妻が交替で仕事終わりに病院へ行き、息子の世話をしていた。最近になってその息子が退院することになり、李松茂の母親が彼の職場に電話してきて孫の状況についていろいろと訊ねていたことで、毎日一緒に仕事をしている林進益《リンジンイー》はようやくそうした事情を知ることとなった。

林進益は埠頭で李松茂と知り合ってもう何十年も経つが、「同僚や古い友人の家で何が起こったのか知らない」というのは「いつものことだし、そんなに驚くことでもない」という。なぜなら、男同士のコミュニケーションの取り方や関係のあり方は、その性別によって「先天的に」決まっているからだ。

女はわりと何でも訊きたがるよな。でも、俺たち男は女とは違う。わざわざ同僚や友達に、何かあったのかなんて訊いたりしない。だって、「余計なお世話」だからな。聞きたいことって、だいたい人んちのプライベートなことだろ。もし話したいなら自然に話すさ。しゃべっているうちに、俺たちには自然と分かるんだよ。

林進益の話からは、労働者が男性同士で一緒にいるときに「男らしい」という「理想」の状態をどのように定義づけているのかがはっきりと分かる。こうした「自然」かつ「理想的」とされる人間関係には、男性労働者たちが「普通」の日常生活においてどのように付き合いをし、男同士で会話をする際にどのようなことを適切な話題としているのかが映し出されている。

李正徳が二番目の妻が浮気しているかもしれないと気づいたときも、彼が人生で初めて「どうしていいのか分からない」ほどの逆境に陥っていたことを、誰も――トレーラーの無線で一日中やりとりをし、仕事が終わってからも屋台や茶屋で一緒に過ごしていた同僚であっても――知らなかった。李正徳は、私たちが彼の恋人の華容《ホワロン》の家にいたときに、その頃のことを話してくれた。夕食の食卓にはいつものようにあの米酒《ミージョウ》が置かれ、華容は残業でまだ職場にいた。私たちはまず埠頭でのいまの仕事について話をし、それからおもむろに、彼の二度目の結婚生活について訊ねてみた。李正徳は酒を一口あおり、私が廟口《ミャオコウ》夜市で買ってきた鱔魚羹《シャンユーゴン》〔タウナギのとろみスープ〕を一口すすってから、私のほうを見ることなく、目の前のテレビに視線を向けたまま口を開いた。「あいつはきっと浮気してた。いつも夜中に電話してくるやつがいて、うるさかったよ。けど、こういうことはなかなか言い出せねえし、気分もよくねえ。誰だかは知らねえよ。俺はいつも通り仕事して、いつも通り酒を飲んでた。」

このような方法で彼のことを理解するようになって、私にはようやく少しのみこめたことがある。ある日のこと、王家龍へのインタビューを終えたあと、私がそこから歩いて十五分もかからないところにある下宿へ戻ろうとしたところ、王家龍は私を車で送ってやると言って譲らなかった。そして車に乗っていたたかだか数分のあいだに、彼は埠頭や家庭での悩み事を私にあれこれと話すのであった。あれは、男たちが一人前の「ガウ・ラン」たるべく、言えることと言えないこととを区別するよう迫られるなかで生み出された生存形態なのだろう。

私はこのフィールドワークにおいては「よそ者」にすぎず、このようなかりそめの関係によって労働者たちの生の世界を揺るがすようなことがないよう、最大限注意しなければならなかった。ただ、昼も夜もなく貨物船や埠頭で働き、茶屋へ行って阿姨に会うという彼らの日常は、緊密に織り成された社会生活や相互的な仲間意識に基づく人間関係のなかにこそ存在していた。そして、埠頭の男たちが大なり小なりの人生の苦境に陥り、なおかつその時点で茶屋の女性たちと関係が築かれていた場合には、阿姨たちは社会的な男性への暗黙の期待のもと、港湾労働者の社会関係における――社会一般の価値観には悖《もと》るものの――重要でかけがえのない役割を担うこととなった。彼女たちはこうした男たちの身の上に社会的、文化的に押し付けられてきた名状しがたい境遇を転換させる役目を果たしたのであり、そうして長い時間を重ねるうちに、港湾労働者のライフヒストリーにおける重要な構成部分となったのである。「一人前のガウ・ランたれ」という文化的期待は、労働者と阿姨たちを互いの日常生活へと引き込み合わせただけでなく、多くの物事を労働者たちの生の世界から追い出しもした。

埠頭での肉体労働に従事して二十数年になる張富昌《ジャンフーチャン》は、顔立ちがとりわけ整っているわけでもないし、身なりにも浮《うわ》ついたところはなく、街中でふつうに見かける男性となんら変わらない。しかし、彼自身にせよ周りの男たちにせよ、次のような物語は誰にとっても馴染みのあるものだった。

最初はこんな結末になるなんて思ってもみなかった。俺はほかのやつらとは違う。妾をとって、「俺はこんなにできるんだ《ガウ》」と見せびらかすようなやつらとはな。俺がまだ小学生だったとき、俺の親父はおふくろとは別の阿姨《アーイー》と一緒だった。当時、ある有名な茶屋があって、俺の親父はそこの馴染み客だった。親父はそこで阿姨と知り合ったんだ。その後、弟や妹が何人か生まれてな、みんなでよそへ引っ越していった。親父はうちへ金を送って寄こしたけど、おふくろに対しては何の気持ちもなかった。というのも、おふくろは童養《トンヤン》媳《シー》[*5]だったんだよ。二人はむしろ兄妹みたいな感じだった。親父とおふくろは俺が生まれてから、一緒に暮らさなくなったんだ。

いま部屋を出ていったあの阿漢《アーハン》って男な、あいつがいま一緒に暮らしてる恋人も茶屋で知り合ったんだ。俺たちはみんな知り合いなんだよ。ただ、阿漢は俺たちよりも頻繁にその店に行ってた。わりあい話が合うと思ったんだろうな、だからしょっちゅう行くんだ。人間ってのは感情の動物さ。しょっちゅう行ってれば情が生まれる。しばらくしてあいつは離婚した。男の火遊びってのもあれだな、いったん情が動くと事故っちまう。俺自身もそんな感じだった。

阿亮《アーリャン》はまさに、張富昌が言う「自分が〝ガウ〟だと見せびらかしたがるタイプ」だと言えよう。阿亮は父親と、長いこと専業主婦をしていた妻、それから高校に通う二人の息子たちと一緒に暮らしている。彼らは五十坪近くある自宅に住んでいるが、それは一九八〇年代の末、阿亮がまだ二十五歳にもならないうちに、トラック運転手と運搬作業員の仕事を掛け持ちしながら貯めた金で買った家である。阿亮は自宅のリビングに座り、いかめしい顔つきで、最近コンテナ料金が下がってきており、ガソリン代は上がりつづけているので、合法だろうが非合法だろうがなんとかして収入を増やさないといけないと話している。仮に妻がそばにいたとしても、彼は何ら飾らず、隠し立てもせずに、次のことを話したであろう。

女房とは中学の頃から付き合ってた。おふくろが脳腫瘍になったとき、あいつは俺と同じぐらいでっぷり太ったおふくろの体を洗ってくれたからな。俺は一生、あいつに失礼な態度はとれねえ。腕時計が欲しいって言えばすぐに買ってやったよ、十六万元するやつをな。俺は若い頃には稼いでたんだ。でも、ガキは金を貯めておくだけで、使い道がねえ。それじゃあ金持ちとは言えねえ。もし金持ちになったら、妾をもらうさ。俺は絶対的にこういう考え方をしてるんだ。それでこそ俺はがっぽり稼いだんだ、ガウなんだ、ってことになるからな。

阿亮のあけすけな物言いには、港湾労働者が一般的に家庭外の人間関係と男性としての能力とをどのように結びつけているかが表れている。港湾労働者からすれば、「情に突き動かされて間違いを犯した」のではなく、文化的に規定された「ガウ」という観念に応じて取った行動であるならば、愛人関係と夫婦関係は決して衝突しないのだ。むしろ、その両方をもつことこそが「ガウ」であることの象徴となる。つまり、女性関係が多ければ多いほど、この社会における男性の文化的規範を満たすことになり、一人前のできる男《ガウ・ラン》であることが公私ともに認められるのである。

労働者たちが自身や周囲の同僚たちが家庭の外で女性と恋仲になったことについて語るのを聞いている限り、彼らはたいていは法律や道徳など気にかけていなかった。たとえば、「七年経つとまた遊びたくなるもんだ」「自然と知り合った」「男だからどうにもならない」などといった自分の意思とは無関係に事が起こったかのような口ぶりで、男たちは家庭外の女性との関係を説明する。この種の話をする雰囲気において、そうした言い方は、男性として「ガウ」かどうかを象徴づける意味合いが強くなる。そのため、一般的に男性が二人以上で公の場で話す場合、港湾労働者と家庭外の女性との関係は決して忌避される話題とはならず、むしろそのことをもって誰が一番男らしいのかを量るのに用いられるのである。

彼らがどのように家庭外の女性との関係を説明するのか、その主要な枠組みは文化的状況によって規定されている。そのため、港湾労働者からすれば、少なくとも人前で話すときにみずからが「できる男《ガウ・ラン》」として語るべきは、彼と家庭外の女性との関係が法や道徳にかなっているかどうかではなく、夫が外で女をつくっていることに対して妻が適切な態度で応対できているかどうかなのである。言い換えれば、「ガウ」でありたい夫が「家にいるかどうか」は、妻が「聡明かどうか」にかかっている、ということになる。李正徳のチームの同僚である雄仔《ヒョンアー》は、表面的には不倫について語りながらも、それが実際に示しているのは、埠頭の男たちが女性に対して規定／期待する条件なのであった。

俺の親父もメンツが大事でよ。おふくろはIQが低くて、EQ〔自身や周囲の人の感情を察知し、扱う能力〕はもっとダメだった。親父はもともと毎週月、水、金曜日に帰ってきてたんだけど、結局おふくろに追い出されちまった。親父の愛人としたって引き取らないわけにはいかないじゃないか。それで二人は同棲するようになったんだ。俺の友達の女房なんて賢いんだぜ。彼女は旦那の性格をよく理解してて、旦那とはケンカしちゃいけないって分かってるんだ。彼女はわめいたりはっきり言ったりしないからさ、ここ十数年ずっと、旦那が外で女をつくってるのに、見て見ぬふりしてる。旦那としても彼女に頭が上がんなくて、いまじゃ四人の女がいるけど、そのなかじゃ彼女が最高齢だよ。

俺自身、若い頃は出会いもあったけど、俺の女房は賢いからさ、ばれたあとでも泣いたりわめいたりはしなかった。女房は俺を訪ねてきて、喫茶店で待ち合わせて話したんだ。俺はあの頃は若くて、泣きわめいたりされるのは我慢ならなかった。もしあいつがあのとき、むかしのおふくろと同じようにしてたら、俺たちはとっくに別れてたさ。

文化的価値観による下支えがあったことと併行して、一九七〇年代前後に家庭の外部において豊かな感情的ネットワークが育まれたことで、労働者の生活世界は家庭から切り離されていった。また一方で、「ガウ」であることの表象性が家庭の外部において発展していったことで、その間接的ななりゆきとして、「仲間」文化における家族の不在という結果がもたらされた。そうして彼らのあいだに、ある特殊な社会的光景がはっきりと形づくられることとなった——家族構成の多様化である。

フィールドワーク中に接触した労働者や、彼らが語る友人たちの家庭の形態を踏まえると、夫婦と子どもからなる典型的な核家族のほかに、別のタイプがあることに気づいた。一九七〇年代から八〇年代にかけて、労働者が家庭を離れて外の女性と同居を始めると、子は婚姻関係が続いている妻（すでに離婚している場合は元妻）のもとで育てられるか、あるいは夫の両親が世話をすることになった。労働者はもとの家庭において「不在の父親」もしくは「いなくなった父親」とみなされた。その後、一九九〇年代の末になり、家庭外の女性との関係が終わりを迎えると、大多数の労働者は子どものいる家へと戻り、そうして「家に帰る父親」「いつも家にいる父親」になったのであった。

第三のタイプの家庭の構成はもう少し複雑である。一九七〇年代から八〇年代にかけて、労働者が以前の配偶者と離婚したあと、子は家に残って元配偶者は出ていき、代わって愛人関係にあった女性が結婚もしくは同棲という形で家庭に入ってくることがあった。こうした女性もまた、以前の婚姻／同棲生活で育てていた子どもを新しい家庭へ連れてくる場合があり、月日が経てば、さらにこの新たな婚姻／同棲関係のなかで生まれた子どもも育てることになる。そのため、一九九〇年代末には、こうしたタイプの家庭には二人の成年男女、夫の両親、そしてそれぞれ異なる婚姻関係によって生まれた子どもたちが含まれることになった。さらには第四のタイプとして、労働者は基本的に妻、子どもそして両親と同居しているが、長期にわたっておおっぴらに、もしくはコソコソと隠れて、婚姻関係と愛人関係を同時に続けているという例があった。愛人関係で子どもができた場合には、労働者はそちらの家計も支えることとなる。

以上の四種類の家庭構成をプロトタイプとして、そのほかの家庭もだいたいはこれらの延長線上にあったり、複数のタイプが混ざり合ったりしたものであった。あるいは、時期に応じて異なるタイプに変化することもあった。

埠頭の男性自身、みずからのふるまいが婚姻制度の道理に合わないことは分かっているのだが、土地の文化がこうしたふるまいに肯定的な意味を与えていた。そのため、上述したように、彼らは人前では決まって、労働者の妻は家庭において文化的な期待に沿うべきだというようなことを堂々と話すのである。妻は子どもの面倒をみたり、夫から渡された金で家計をしっかりやりくりし、金が足りなければみずから補うばかりでなく、「ガウ」な夫によって引き起こされた家庭の内外の複雑な人間関係にもうまく対応すべきものとされた。たとえば、家庭内で水面下での対立や激しい衝突が起こったり、夫が一晩中帰らなかったり、愛人女性が夫の車にわざと自分の物を残す、夜中に無言電話を寄こすなどして、一歩一歩自分と夫との関係を明らかにしようとする挑発的な行動にも、彼女たちは対処しなければならなかったのである。こうした一連の確執やこまごまと手の込んだ挑発行為が一定期間にわたって積み重なった結果、夫と妻、そして家庭外の女性のあいだで自傷行為や自殺といった事態にまで発展することもしばしばであった。

基隆の自殺者数は長年、台湾全土で常に一位か二位を占めていた。(4) しかし、統計データからは、その数字の背後でどのようなことが起こり、その数字に含まれる人々がどのような事態に直面していたのかまでは分からない。「茶屋」ばかりでなく、「自殺」もまた労働者の私的な会話でよく出てくる言葉なのだが、(5) そのときの彼らの様子は、かつて茶屋へ通った頃の経験を滔々と語るときとは異なっていた。自殺という事件そのものが明るい話題ではないから多くを語りたくない、というだけではない。結局のところ、彼らにはまったく事情が分からないのだ。身近なところで起こったり、噂で聞いたりした男性の自殺について、埠頭の人たちは「いつも元気だったし、問題があるようには見えなかった」と簡単に結論づけることが多かった。私はこのような返答を聞きながら、李正徳が「こういうことはなかなか言い出せねえ」と語ったことや、自分の話を打ち明け、聞いてもらうことを切望していた王家龍《ワンジャーロン》のことを思い返さずにはいられなかった。

ある日の午後、王家龍はいつものように、あたかも地元の人間であるかのような口ぶりで、「基隆人だからこそ知っている本場の小吃《シャオチー》を食べに連れていってやる」と言い出した。何か食べに行こうと言ってはいるが、前にも何度か経験があったので、私には分かっていた。彼は何か話したいことがあると、いつも食べ物の話で口火を切るのだ。私たちはとれたての海鮮を出す西岸の店へ行き、騎楼《きろう》に置かれたテーブルについた。すると彼はまず、自分がなぜ恐々としていまの恋人の前に姿を現せずにいるのかということから語りはじめ、思いつくままに、自分の得意料理は実は前の愛人に教えてもらったものなのだと話すと、ふいに、自分には誰に話したらいいのか分からないことがあるのだと零《こぼ》した。彼は箸でつまんだ麺をゆっくりと口へ運びながら、長いこと話せずにいた過去について語りはじめた。その声音《こわね》は、いつもの彼のエネルギッシュな様子とは違っていた。

外で誰かと出会って付き合いはじめるだろ。最初は電話して声が聞けたら、それでいい。次は、あなたに会いたい。そして、一晩泊めてよ、ってなるんだ。それから、欲しいのはあなたのお金じゃない、あなたが欲しいのよ、なんて言うんだけど、こうなったら面倒の始まりだ。あのとき、俺の女房と愛人の二人とも、自殺騒ぎを起こしやがってさ。手首を切ったり、睡眠薬を飲んだり。俺自身も飲んだことあるよ。あの頃はなあ、面倒なことが全部いっぺんに舞い込んできてさ。たとえば埠頭の民営化なんてさ、これからいったいどうなるのかぜんぜん分からなくて、毎日毎日、考えるだけでも頭が痛かった。あいつら、ちょうどそんなときに騒ぎを起こしやがった。俺はもう行き詰まったと思っちまったんだ。

それからの俺は亀みたいなもんさ。首をひっこめて甲羅のなかにとじこもって、とにかくやり過ごそうとした。結局、ある日警察から電話がかかってきた。俺たちが一緒に暮らしてたマンションから愛人が飛び降りたって。女房一人が残ったけど、俺たちの家庭は変わっちまった。ほかのやつが聞けば、俺はできるやつだって思うかもしれねえ。同時にたくさんの女と付き合ってたんだからな。でもな、自分じゃ分かってんだ。これは悲劇の結末だったんだって。

誰かの自殺をめぐって埠頭の内外に残された「まったく事情が分からない」という反応は、その大半が、文化的に付与された男性にまつわるジェンダーイメージや期待と紐づいていた。男たちの人生に対する一般の人々や家族の理解（ないし曲解）も、そうした文化的枠組みに規定されていた。王家龍と数人の女性たちとの関係は、同僚から見れば、まさしく王家龍が「ガウ」であったことを意味するものだった。しかしながら、王家龍にとって、すでに過ぎ去ったあの「輝かしい」歴史は、彼がこれまで誰にも話すことのできなかった弱みであり、それは異様なまでの鮮明さをもって彼の人生に覆いかぶさっているのであった。彼の人生の歩みは、彼自身にとっては長い時間と実感を伴ったものであったが、その大部分は、家族や親しい友人ですら本当の意味ではうかがい知ることのできないものであった。そうであるがゆえに、彼の経験は個人的で特殊な出来事とみなされたのである。

しかし、李正徳にせよ、阿亮《アーリャン》にせよ、王家龍にせよ、あるいは私がまだ本当の意味で接触を果たせていないその他大勢の労働者たちにせよ、彼らは自分自身や他人の「個人的な」運命について語っているかのように見えて、実のところ、彼らや埠頭の同僚たちの生の経験は、終始一貫してこの港街の歴史に左右されていたのであった——かつて喧騒に満ちていたこの街は、一九九〇年代末以降、「死港」となりつつあった。

王家龍が「やり過ごそうとした」のは、女性たちとのあいだで繰り広げられた揉め事だけではなかった。それはむしろ、ガントリークレーンの下で働いていた彼をはじめとする肉体労働者やトレーラーの運転手たちが——あるいは基隆港や台湾全体が——直面していた巨大な変化と関係していた。

そのとき、彼らはまさに、「ガウ」という価値観とはまったく異なる生活世界に巻き込まれようとしていた。

原注

(1) のちに李正徳に、女性の友人を連れて茶屋に入ったことはあるかと訊ねたところ、彼が言うには、むかし頻繁に茶屋へ通っていた頃なら連れていくわけがないし、そんな話も聞いたことはない。ただ、ここ数年は、自分の恋人や妻を連れて一緒に来る人もいるようだ、とのことだった。私がただぼんやりとしていたのとは対照的に、そうした女性たちはよどみなく会話に入り込み、連れの男性や阿姨と乾杯することとさえあるのだという。

（2）萬里郷〔現在の新北市萬里区〕は基隆から二十キロ弱の場所にある。温泉の源泉があり、市街には大型温泉旅館や簡易型浴室が林立している。簡易型浴室というのは、空き地に建てられた、木板で間仕切りをした浴室のような部屋のことであり、たいていシャワーと脱衣棚がある。なかにはセメントもしくは石材でできた浴槽があり、二人ぐらいが入れる大きさである。

（3）「ガウ・ラン」（gâu lâng　漢字表記は「勢人」）は台湾語で「できるやつ」の意味。「ガウ」は能力があること、「ラン」は人を意味する。

（4）政府が定期的におこなっている人口統計の報告書では、二種類のデータで基隆市の順位が際立っていた。二〇〇四年から二〇〇七年にかけて、台湾各県市のうち、基隆は四年連続で自殺率が一位であった。そのなかでも三十五歳から六十四歳の男性の自殺者数が突出していた。ただし、二〇一二年初めに行政院主計処がネットで公開しているデータベースを再度調べてみたところ、二〇〇八年以降の基隆市の自殺率は他のいくつかの県市を下回っていた。したがって、この記述は二〇〇七年までのデータに基づくものである。

（5）インフォーマントがニュースや友人の話で聞き知った二次的な情報を除けば、フィールドワーク中にインフォーマントから「自分の親類・友人」が「理由は分からない」けれども自殺したと聞いた例では、自殺者は全員男性であった。こうした現象は、女性自殺者に関してであれば彼らが比較的はっきりと自殺の理由を挙げるのとは明らかに異なっていた。女性の自殺原因について公の場で話されることがかならずしも事実を反映しているとは限らないが、男性と女性とで、同様の行動であっても語り方がまったく異なることは、人々が男性が自殺した原因が本当に分からないか、あるいは臆測することしかできないことを示しているといえよう。

訳注

＊1　「清茶館」（原語ママ）は「茶屋」（原語：茶店仔）と同様に茶館を指し、本来的には茶を飲みながらおしゃべりに興ずる場である。その後、女性従業員が接待をする店（ただし性的サービスは含まれない）も現れて「茶店仔」と呼ばれるようになり、そうした女性がいない場合は「清茶館」として区別される。

＊2　「紅灯戸」は、英語の red-light に由来し、女性が性的サービスを提供する風俗店をいう。

＊3　「阿姨」とは、中国語では主に親しい目上の女性の呼称（「おばさん」の意味）として用いられる。遊興施設で女性従業員に声をかけるときはふつう「小姐《シャオジエ》（お姉ちゃん）」と呼ぶが、「阿姨」もまた遊興施設従業員の呼称として使われることがある。

＊4　中国語の「酒店」にはホテルという意味もあるが、ここでは女性の接待を受けながらお酒が飲めるキャバクラのような店を指す。「阿公店」は「年配の男性（阿公）が通う店」という意味で、「茶店仔」の一種だが、酒店に比べて顧客の年齢層が高く、消費金額が安い店をいう。

＊5　「童養媳」とは、将来その家の息子の嫁とすることを目的として、まだ幼いうちに養女を買い取る旧中国の慣習である。

第4章　失格

私が二〇〇九年に基隆へ入ったばかりの頃、市街地と海辺との境界をなすエリアには工事中を示す黄色いテープが張り巡らされていた。顔なじみの港湾労働者たちが言うには、まだそこが簡素な遊歩道だったときは、彼らがいつも釣りをしにいく場所の一つだったという。ひと月ほどすると工事の囲いが取り払われ、そこに海の上に突き出すようにして建てられた展望デッキが出現した。敷地面積四九五〇平米のこの場所は、「海洋広場」と名付けられた。[*1]この展望デッキの建設計画は、二〇〇二年の全国的な国家発展計画にまで遡る。そのなかに一億七千万元もの予算をかけた「観光客倍増計画：北部海岸観光ライン」というプロジェクトがあり、その成果としては「台北、淡水、北海岸、基隆、東北角海岸の観光資源を効率的に統合し、大台北都市圏近郊の国際海岸観光エリアとする」ことが期待されると記されていた。

政治経済に主導される形で観光をはじめとする新しい産業が基隆の街へ入り込むようになると、港湾労働者たちの生活世界は静かに、しかし急速に、埠頭の外へと弾き出されることとなった。

■静かな追い出し

ある雨の降らない日の午前、私は真新しい海洋広場を見にいった。この街で最も中心的なスポットに立って見まわしたときにどのような都市の景観が見えるのか、好奇心にかられたのだ。海の方向に見えるのは、私がわりあいと馴染みのある景色だった。東西両岸には真っ赤なガントリークレーンがそびえ、海上にはコンテナ船が何隻かぱらぱらと散らばっている。オフィスビルや商業ビルなどの高層建築も目を引く。ふり返り、海を背にして市街地のほうを見ると、初めてフィールドワークに来たときに目にした人や車が波のように行き交う様子が見えた。しかしその光景のなかには、新たにあるものが加わっていた。

いろんな素材でつくられた大小さまざまな「Keelung（基隆）」の文字が、一つのシリーズのようにあちらこちらに姿を現していた。基隆駅の真後ろにある、観光案内で基隆のランドマークとされている虎仔山《フーズーシャン》の斜面には、ハリウッドにあるような「Keelung」の巨大なアルファベットが高々と掲げられている。大中小、さまざまな「Keelung」が、ガイドマップ上の名所、たとえば砲台や観音像、観光船、廟口《ミャオコウ》夜市といったスポットのイラストに添えられているし、街中を走りまわる市バスの青と白の車体にもその文字が見える。

そのなかでも一番新しいのが、いま私が立っているこの海洋広場にある、高さ約二メートルの「Keelung」の七文字である。夜になれば色とりどりのＬＥＤライトが瞬き、観光客が腰掛けることもできる。このモニュメントは海のほうを正面にして立っているので、市街地側から見ると文字は反転している。これが置き間違えでなく意図的に並べられたものであるとすれば、この七つのアルファベットが設置されたとき、見る者として想定されていたのは、海から埠頭へ入ってくる大型客船や観光客であったのだろう。この都市はまるで、この七文字を単調かつ頻繁に出現させることによって、来訪者に向かってみずからの新たな身分とイメージをしきりに宣言しているかのようであった。

広場のデッキは完成したものの、まだ工事中のテープが張られたままだった頃には、この広場に入り込んでいる人をよく見かけた。その多くは制服姿の中高生や二十代から三十代ぐらいの若者で、男女を問わず来ており、カップルで連れ立ったり子どもを連れたりしていた。

広場にはまた別のタイプの人々がおり、若者たちとある点において明確な対比をなしていた。その大半は四十歳以上の中年男性で、ちょっと用事を済ませに近所に出てきたかのようなラフな服装をしていた。多くはサンダル履きで、足元にはプラスチックのバケツや釣り具が置かれている。飲み物を置いている人もいて、なかにはアルコール入りのものもあった。彼らは展望デッキの端に立ってタバコを吸いながら、欄干にもたれて釣竿を握っていた。その目は港を見ているが、水面に浮かぶブイこそが彼らがここにいる目的のようだった。私はそのうちの誰一人とも話をしたことはなかったが、彼らの姿は私にとって非常に馴染みのあるものに思えた。彼らを見るといつも、私は埠頭の友人たちのことを思い出すのだった。

私の目に映る人々は、服装や年齢、性別、展望デッキで何をしているのかといったことから、二つの対照的なグループに分けることができた。しかし、広場が落成してから数か月も経つと、デッキ上に見られたこの対比は忽然と消え失せ、広場の人々の様子はかなり「均質化」した。港を眺める人々は、身軽だが、この場に似つかわしい服装をしていた——ベビーカーを押す若い女性に、夫婦で寄り添うお年寄り。フルスペックの自転車とその乗り手。三輪車に乗ったり、駆けまわったりしている子どもとその保護者……。それから間もなくすると、とりわけ週末や休日には、大型のカメラをかついだ男性のグループが数多く見られるようになった。彼らの多くはストラップ付きの褐色のつば広帽子をかぶっており、いくつもポケットがついた褐色のベストを着込んでいる。長く突き出たレンズは同じ方角に向けられていた。なかには欄干を乗り越え、デッキの縁《へり》に立っている人もいた。

かつてここに並んで釣り糸を垂れていた人たちの姿はもはや見られなかった。カメラをかついだ男性のほかにも、以前は見かけなかった新入りが広場に現れていた。制服を着用した警備員である。広場の両端には新たに鉄製の警告表示板が立てられ、釣りを禁止する旨の公示と罰金額とが記されていた(1)。

私は一度、西岸から市街地までボイスレコーダーの電池を買いにいく際に、わざわざ夕方近くの時間を選び、道を挟んで広場の向かい側にあるバス停で下車したことがある。広場に人が最も多いのがその時間帯なのだ。制服姿の学生たちが思い思いに「Keelung」のアルファベットに腰掛けていた。私は彼らに近づいて簡単に自己紹介してから、魚釣りの禁止と罰金についてどう思うのか、会話のなかで訊ねてみた。いろいろな学生と話したが、返ってくる答えはだいたい同じだった。

「この広場はもともとレジャー用でしょ。魚釣りの場所じゃないよ。」

「罰金とれよ！　罰金とればいいじゃん！　あいつらがここで釣りをしてたら、レジャーで来た人たちの邪魔だよ。」

「罰が重いからこそ効果があるわけでしょ。飲酒運転と同じだよ。罰が重くなかったら、ぜんぜん取り締まれないよね。この広場で釣りをしているあいつらって、タチが悪いでしょ……ゴミは持って帰らないし……。どうしようもないよ。」

図らずも、中学生たちの回答には、世間による「正しい」レジャーの定義が如実に表れていた。魚釣りは飲酒運転と同等のはずれ者の行為とみなされ、景観を損ねるものである。したがって、「正しい」レジャー活動の埒外に置かれる。写真撮影は「清潔」で「正しい」レジャー活動の範疇に収まっており、「景観を損ねる」ようなはずれ者の行為ではない。カメラマンたちと観光客は同じグループに属しており、そこではポリティカル・コレクトネスにかなうレジャー活動がおこなわれている。

都市は、空間の改変によって、何がポリティカル・コレクトネスにかなう公共活動なのか、誰がポリティカル・コレクトネスにかなう市民なのかを決定し、空間の内部では暗黙のうちに階級の区別が立てられた。基隆の埠頭は、地元の人々に背を向けて観光客を迎えるようになり、国際コンテナ船ではなく国際客船を歓迎するようになった。このとき、展望デッキから姿を消した釣り糸を垂れていた中年男性たち／埠頭の肉体労働者たちは、公共空間を追い出されたあと、どのような空間に置かれることとなったのだろうか。埠頭の控室、あちこちの屋台、それとも鉄路街だろうか。そもそも、そうした場所はまだ残っているのだろうか。このように空間が組み替えられていくなかで、彼らは果たして生き残ることができるのだろうか。

■切断

海洋広場が間もなく完成しようという七月の下旬に、私は張富昌《ジャンフーチャン》の紹介で知り合ったばかりの阿賓《アーピン》と一緒にバイクに乗って西岸を出た。海洋広場の前を通り、東岸埠頭沿いを走って、建物三、四階分ほどの高さのある貨物船のそばで降りた。この船の船倉での荷役作業が、阿賓の今週の仕事なのだ。

それは最近ではあまり見かけなくなった雑貨船[*2]だった。建物何階分もの深さのある船倉いっぱいに陶土が積まれており、それを岸に上げて、陶器製造で有名な鶯歌《イングー》へ運ぶ準備をしている。阿賓は荷役監督に私を紹介してから、簡易梯子で船倉の底へと下りていった。そこでは知らない者同士の阿賓と三人の男が諸肌脱ぎになって、スコップを手に陶土をかき出しては、クレーンで吊るされた容器のなかに入れていた。容器がいっぱいになったら、岸辺に設置されたクレーンが引っ張り上げてダンプの荷台へ運ぶ。荷役監督は年の頃四十過ぎ、プラスチックの工事用ヘルメットをかぶり、甲板に立って指揮をとっている。ここ数年、埠頭でどんな変化があったのかを監督に訊ねると、彼はがらんとした岸辺を指さしてこう言った。「港のガントリークレーンが見えるかい？　どれも鳥を撃つようにじっと身構えてるだろ。以前はこんなんじゃなかったんだ。いまはそもそも船が来ねえからな。」監督が言う「鳥を撃つ」というのは、稼働していないガントリークレーンが空に向かって巨大な赤いブームを伸ばしている姿が、あたかも猟銃を構えて鳥に照準を合わせているように見えることをいっているのだろう。

国境を超えた経済活動は、そのグローバル市場における航路をたどって迅速かつ自由に動きまわる。二十世紀の終わりごろ、輸送のコンテナ化と荷役作業の機械化によって産業労働形態が変化した。資本主義がさらなるコスト削減を追求するなか、中国経済の変革もあいまって、国際コンテナ船の行き先が変わり、基隆の国際航路における位置づけは隣国の港に取って代わられた。台湾の各都市もまた、経済生活における変化をそれぞれに嗅ぎ取ってはいた。ただ、歴史的に最も世界に近い都市であった基隆において、そしてこの街の埠頭で働いていた苦力《クーリー》やトレーラー運転手たちにとって、グローバル経済市場から切断*3されたあとの変化はことさら顕著なものであった。一九七〇年代から九〇年代初頭にかけて基隆の港街においてにぎわいをみせていた社会生活の光景はすっかり消え失せ、埠頭に来る貨物船は徐々に少なくなり、鳥を撃つガントリークレーンは埠頭の光景のなかでますます際立つ存在となっていった。そして一九九〇年代末には、基隆の港街はグローバルなネットワークから切断されてしまった(2)。

それから間もなく、「荷主である製造業者のコストを削減」し、「国の競争力を向上」させ、「港湾労働者の雇用形態を合理化」するという名目のもと、政府の役人が台湾の四つの国際港の民営化政策に着手した。一九九八年初頭に高雄港の埠頭業務の民営化が実施されたのを受けて、基隆港では、もともと埠頭労働組合が請け負っていた荷役作業が、一九九九年一月一日から全面的に民間企業へ開放された。民営化は、以前とはまったく異なる世界の到来を意味していた。一九八〇年代に工人頭家《カンランタウケー》と呼ばれた者たちは、九〇年代末には文字通りの底辺労働者になり果てていた。こうした大変化がものすごいスピードで、たった数か月のうちに巻き起こったのである。

港湾の民営化前、埠頭には退職前の荷役労働者が二千七百人ほどいた。民営化前から労働組合に勤めていた李松茂《リーソンマオ》が言うには、労働組合の幹部が港務局に協力し、労働組合を埠頭における荷役作業の管理から撤退させて各民営企業の請負に譲り渡すことに同意したのは、労働組合の長年来の管理方法が財務上の困難を来していたことと関係していたという。

当時すでに労働組合自体に問題があったんだ。民国六十年代から七十年代〔一九七〇―八〇年代〕にかけては、埠頭の景気は最高によかった。毎月、労働組合が払う給料だけで一億六、七千万元はあったし、労働組合の資産は四、五億ぐらいあった。それで、あるとき労働者が会議で「そんなに金を残しといてどうすんだ！」って言ったんだ。その結果、二年のうちに全部、歳末ボーナスとして使っちまった。二年間のボーナスは一人あたりだいたい二十万ぐらい。退職金が払えなくなるという問題は誰も考えてなかった。みんな目先の金が欲しかったんだよ。二年すると、ツケが回ってきた。組合は毎月十数人にのぼる労働者の退職金を払えなくなったんだ。

港務局が民営化を推し進めたのは、労働組合にとってはもちろん渡りに船だったよ。民営化で港務局がくれた退職金は、一人あたりもらえる額が、労働組合がもともと支払うはずだった金額より多くて、百万だった。当然、みんな同意したさ。


当時まだ退職年齢に達していなかった七百人以上の中年の苦力《クーリー》たち（その大半は荷役機械の操作ができる者だった）は頑として民営化に同意しなかった。しかし、労働組合の幹部は最終的に組合員全員の挙手によって票決し、「少数は多数に従う」方式で荷役業務民営化の決議への同意を取り付けた。民営化政策についての議論が白熱するなかで、労働組合は目下の財務上の大きなプレッシャーから逃れられることを心ひそかに喜んでいたが、民営化によって三千人近い仲間たちが埠頭から追い出されてしまうことにまでは考えが及んでいなかった。

民営化に反対した中堅世代の大半は、一九七〇年代初頭に埠頭へやってきた者たちだった。彼らはしばらく苦力《クーリー》の時代を経験したのち、経済的資本の最も充実した工人頭家《カンランタウケー》の時代にこの街に腰を落ち着け、家を構えた。民営化政策が施行されたとき、この中堅世代の一つ下の世代はまだ未成年だった。彼らは高雄や台中の港湾労働者と連携し、地方議員とも手を組んで、最終的には補償金を獲得することはできた。しかし、中年世代の苦力《クーリー》からすれば、民営化によってもたらされたのは、この年齢になって次にどんな仕事ができるのかも分からない、不確実な時代だった。民営化当時、林進益《リンジンイー》は四十三歳で、二人の息子が中学へ入ろうというときだった。彼はいつものように、どうしようもないとあきらめたような口調で、次のように語った。

埠頭が開放されたばかりのときは、みんなただ呆然とするしかなかった。どこへ行けばいいのか分からなかった。港務局は、おまえらの仕事は保証するとは言ってたよ。最初の半年、埠頭に参入してくる荷役会社があれば、かならずもとの埠頭労働組合の人を採るってさ。だけど、そんなのは素人に言うことさ。

埠頭の状況が本当に分かってたら、そんなの単なる慰めにすぎないって、すぐ分かるよ。だって、荷役会社が必要な人数って、実際にはそんなに多くねえんだ。結局、本当に埠頭に残れるのは八百人もいねえ。二千人近くは余っちまう。それだけ人が多けりゃすぐに仕事のほうが足りなくなっちまうよ。

俺たちの専門は、外では役に立たねえ。出ていって、さあ、どうするよ？　俺たちみたいに小さい頃からずっと埠頭にいたやつは、ほかに稼げる技術なんてまったくねえんだ。俺は中学を卒業してすぐ故郷を離れて、ここへ来て働いた。俺にどこへ行けってんだよ？四十三歳になって民営化されても、四十三歳じゃあ、もう何もできやしねえ。外へ行っても何もねえ。てめえのできるようなことは誰にも必要とされてねえってわけだ。若いやつならわりかしつぶしがきくさ。年寄りだって心配いらねえ。子どもも大きくなってて、もう養う必要はねえんだから。だけど、俺たちはどうしたらいいんだ？　俺たちにとって最悪なのは、子どもがまだ小さかったことだよ。

最初にやってきた十幾つかの荷役会社な、あいつらみんな埠頭のことなんてちっとも分かっちゃいなかった。だから、どの会社も誰か一人に頼んで埠頭で人探しをさせる。そうすると、労働者自身がツテをたどって探すわけだ。そこでもしおまえが必要だって言う人がいなければ、仕事はもうねえのさ。

一九九九年の埠頭の民営化によって、もといた労働者たちは三つのグループに分けられることになった。第一に、苦力《クーリー》の時代から埠頭に来ていた上の世代で、この世代はそのまま引退した。第二に、八百人近くの労働者は、なんとかツテをたどって埠頭に参入した荷役会社にもぐり込んだ。最も多かったのが第三のグループで、もはや若くもなく、まだ退職年齢にも達していない二千人近くの港湾労働者は、民営企業に入れなかった。彼らは埠頭を追い出されたあと、以前の同僚や友人とのつながりを絶った。なかには、スーパーやマンションの警備員やタクシー運転手、市場の物売りなど、それほど高度な技術のいらない仕事を見つけられた者もいる。

しかしその大多数は、以前とは異なる生活を強いられることとなった。それは、あたかもかつてのように「仕事待ち」をしているかのようにも見える、無職の日々であった。

突然仕事を失ったことは、生活秩序の崩壊と孤立を意味した。男たちが直面したのは、職場と収入の喪失だけではなかった。より深刻だったのは、日一日とくりかえされる冗長な毎日そのものである。それは、生活の足場や仲間との付き合いが断ち切られた世界だった。五十歳近くで、いまも埠頭に残っている小呉《シャオウー》はこう語る。

いまは、養成講座の同期でも同僚じゃないと、めったに会う機会はない。そいつらとは連絡を取り合っていると言えるし、用事があれば会いにいくこともあるよ。仕事が終わったあとだと煩わしいからな。前に知り合ったやつらとは連絡を取り合うことはほとんどないな。何か機会がなければね。たとえばこのあいだ、同窓生が一人死んじまった。そいつの葬式の日にはみんな久しぶりに集まったよ。

しかし、民営企業に留まった港湾労働者の収入も、民営化前の半分にすら及ばなかった。茶屋に姿をみせる労働者は徐々に少なくなり、屋台で注文する料理の品数も徐々に減っていった。もはや数百元程度の飯代であっても仲間たちに気前よくおごってやれない決まりの悪さを避けるために、男たちは連れ立って飲みにいくことはしなくなった。港湾労働者はもはや鉄路街や飲食店で「羽振りをきかせる」お得意様ではなくなったのである。李松茂が最近よく通ってい る屋台の主人は、彼に「二十五元」というあだ名をつけている。というのも、昼に彼が注文するのはいつも二十五元の陽春麵《ヤンチュンミエン》〔かけそば〕だけで、小皿料理は頼まないからだ。

労働者たちは単に、資本主義によって形成された雇用関係に引き込まれたばかりではなかった。彼らの意識のあり方もまた、文化的な価値観や信念によってつくり変えられていった。張富昌は言う。

俺たち肉体労働者は「てっぺん」から「他人から地面に踏みつけられるところ」にまで落っこっちゃったんだよ。むかし、労働組合があった時代は、労働者自身で組合をつくって、俺たち自身が主人だった。いまは違う。いま俺たちが働いているのは船会社のためだ。船会社が金をくれるご主人様なんだ。やつらが何か言ったら、まず「分かりました」って返事しなきゃなんねえ。できるかどうかは関係ねえ。こういうのは全部、環境のなかでしつけられるものなんだ。適応する時間なんてなかったよ。民国八十八年〔一九九九年〕一月一日、〔民営化した〕その日から適応しないといけなかった。適者生存ってやつだよ。ここにいたけりゃ、我慢しなきゃなんねえ。

民営化する前まで、張富昌は埠頭でガントリークレーンを動かしていた。あの頃、埠頭でクレーンを操縦するのは、非常に尊敬されるプロの仕事であった。しかしその後、国際コンテナ船が来なくなると、ガントリークレーンが稼働しないこともしばしばであった。さらに、基隆市が観光地化へ向けて大号令を発すると、埠頭には時折、大型観光客船が現れるようになった。張富昌やほかの港湾労働者たちは、国際コンテナ船がめったに入港しない状況を見つづけているうちに、政治や経済のパワーによって構築された思考のロジックを受け入れざるをえなくなり、「現代」的な観光こそがこの港街を再びグローバル市場へと接続させることができるのだと信じるようになった。その一方で、馴染み深い埠頭につくられたこの世界との新たな結節点は、中年にさしかかった彼らにとって、もはやどうやっても踏み込むことのできない場所となった。

だって、上の人たちがこれからはレジャー観光業が中心で、荷役業はその次って言うんだからさ、俺たちが四の五の言ったってどうしようもねえ。だけど結局、観光だって専門性のいる仕事だよ。たとえば、外国語をしゃべるのだって知識がいるだろ。いまじゃ五つ星の観光ホテルだって、そこに就職するための学科があるくらいなんだ。マナーの訓練が絶対に必要なんだ。俺たちみたいに肉体労働をやってきて下品な言葉しか使えねえのは、仕事したって優雅にはできねえ。ああいう仕事はできっこねえんだ。

かつて馴染んでいたはずの埠頭は、いまではよそよそしい場所になってしまった。労働者たちはそれぞれのツテを頼り、すっかり様変わりした埠頭に適応しようとした。集団的に埠頭からの追い出しに遭うなかで、頭をひねり、つかみ取れるものは何でも力ずくでつかみ取ろうとした。けれども、追い出されずにすんだのは、結局そのうちのごく少数にすぎなかった。一握りの会社が依然として積みきれないほどの大量のコンテナを扱っているのを見て、李正徳はある結論を下した。人の生存状態は、その人がさまざまな人間関係のなかで「うまくやる力量があるのかどうか」に絶対的にかかっていて、そのほかのことは一切関係ないのだ、と。

コネってのはな、これはやっぱり必要だよ。付き合いがすべてだ。引き受けるコンテナがないって会社がある一方で、ガンガン仕事を受けてる会社もある。その会社に打つ手があるかどうか、うまくやれるだけの力量があるかどうかによって、まったく大違いさ。つまり、能力があるかないか、力量があるかないかの問題だな。

しかしそれはあくまで、舞台の上に立てた場合の話である。彼が気づかなかった、もしくは当たり前すぎて無視した「そのほかのこと」こそが、労働者たちをなぎ倒すようにして埠頭から追い出した、舞台下で振るわれた斧なのである。輸送会社が「ガウ」であろうとなかろうと、小規模な在地企業には国際的なコンテナ輸送の航路を引き戻すことなどできはしないのだ。かつてのような「輸送会社の親方が埠頭に来て、金でトレーラーをかき集め、コンテナを運んでくれるよう頼み込む」という時代はもはや過ぎ去り、代わってやってきたのは、「トレーラーが埠頭に列をなしてコンテナが来るのを待つ」時代なのである。

李正徳がチームの同僚と集まって飲む機会も徐々に減っていった。トレーラーの運転手が一九八〇年代につかんだ「発展」の手づるは、一九九〇年代末になるとたちまち切断された。埠頭の荷役労働者とトレーラー運転手の経済的資本が相次いで失われると、埠頭周辺の茶屋やカラオケ店、飲食店に客が集まってがやがやとにぎわいでいた光景も、それを追うようにして瞬く間に消え去ってしまった。

それこそが、あのとき清水の奥さんが屋台車を拭きながら言った「死港」の姿であった。この急速かつ全面的な変化の歴史的プロセスにおいて変化を強いられたのは、港湾労働者の経済的資本や街の産業構造、社会生活のあり方ばかりではなかった。埠頭の男たちが自身と外の世界との関係をどのように意識するかというその捉え方もまた、変化を余儀なくされた。さまざまな社会関係のなかで、港湾労働者たちははっきりと意識した。自分たちは、かつてみずからが享受していた生活もろとも、気づかぬうちにこの世界の外へと瞬く間に放り出されてしまったのだ、と。

李松茂は一九七〇、八〇年代に積極的に貯蓄をしていた数少ない労働者の一人である。埠頭で働いた四十数年のあいだ、彼は堅実にも、家やマンション物件を合わせて四つ購入していた。そのうちの一つは、故郷にいる年配の親族が祖先の資産を売却したのを、わざわざ買い戻したものである。ほかの三軒は、三人の子どもたちがそれぞれ大きくなって一家を構えるのに備えて買っておいたものだった。数年前、彼は例年通り春節に家族を連れて里帰りをし、廟へお参りに行った。そのとき、親族の年長者が入院していることを知り、すぐにお見舞いに行ったところ、病院で高校のときの同級生に出くわした。同級生はその病院の専任の医師であった。李松茂が基隆へ戻ってきて、私とたまたま顔を合わせたとき、その帰郷のことが話題にのぼった。私たちのほかに誰もいない控室で、彼はみずからこのことを話したのだった。それから彼は、最近、港近くの銀行へ用事があって行ったところ、やはり偶然、そこで部長をしている小学校の同級生に会ったのだとも話してくれた。

間もなく七十歳になろうとする李松茂は軽く肩をすくめ、自分を指差して言った。長年太陽に照りつけられて黒く焼けた顔、そのくぼんだ両目には、いつものシャイな笑みが浮かんでいる。

俺が一番みすぼらしいよ。みんな社会的地位がある。俺だってこの会社のマネージャーだけど、しょせん肉体労働者にすぎないからな。ここはただの民間の荷役会社で、小企業はたいして稼げないし、社長がいつ会社を畳むって言い出すかも分からない。俺は公務員でもないしな。もしお役所で倉庫番でもしてたら、少なくともどこどこの公共機関で倉庫管理をやってる、って言えるんだけど。それでも結局はただの肉体労働者だからなあ。

世間じゃ、家庭を持ったら自分の事業を持てって言うけど、俺には事業がない。人に言わせりゃ、おまえは金を貯めて三人の子どもに家を買ってやったじゃないか、ってことになるかもしれないけど、それは俺の本分を尽くしたにすぎない。生活はしていけたけど、何を成し遂げたってわけでもねえ。だからむかし、中部の港で仕事があったときも、俺はメンツが立たないから故郷には戻らなかった。だって、戻ったところで、やるのは肉体労働だからな。

こうした話をするとき、彼は現在のみずからの境遇がすべて自分のせいだと考えているようだった。誰かを責めることもなく、多国籍企業の極度な利益追求や政府の責任放棄とはまったたく関係のないこととしてとらえているようだった。私はそこに、彼が自分自身とその人生について心ひそかに下した結論を聞き取った。李松茂が自分を卑下しながらこのように語るのを聞くのは、私がフィールドワークをしていたなかで最もつらい時間であった。

ただ、それは決して一回性の特殊な経験というわけではないのだ。李松茂は自分自身の経験を、一人の港湾労働者の物語として解釈しなおしていた。そこには、ほかの多くの港湾労働者たちがいつも自然と「俺たち労働者」と言うときと似たような感覚が表れていた。すなわち、自分たちが集団的に社会の下層に落ち込んでしまい、そこにはまり込んで逃げ出せないという無力感である。

口ではいつも「俺たち労働者」と言いながらも、実際にこの男たちが追い落とされてみて痛切に感じているのは、「俺たち」のなかに身を置いているという帰属感などではなく、誰もが群れをはぐれた一羽の鳥であるという孤独の感覚なのであった。

■孤独な労働者

二〇〇九年の冬、ある夜の早朝三時。西岸二十一番埠頭付近ではガントリークレーンが三台だけ稼働している。数台の大型サーチライトのオレンジ色の光が、岸で動くガントリークレーンと埠頭脇に停泊するコンテナ船、一基のクレーンに一、二台ずつ、コンテナの積み込みを待っているトレーラーを、それぞれ照らし出す。車の前方部分を見るに、会社所有の車輛だろう。大型トレーラーや荷役労働者たちの姿は、巨大なガントリークレーンの下では実にちっぽけに見える。

十階分ほどの高さもあるガントリークレーンの吊具装置《スプレッダー》はちょうど海上の船倉の上まで来ていた。スプレッダーについている四つの吊り金具がそれぞれコンテナの四隅の孔《あな》にぴたりとはまると、コンテナが陸上の埠頭上空へと引き上げられ、鉄の箱はトレーラーの車台《シャーシ》に照準を合わせてゆっくりと下ろされていく。このとき、稼働中のガントリークレーンの周囲が明るいのを除けば、ほかに動くもののないこの広大な埠頭では、ほの暗い街灯がトレーラーの走る広々とした通路を照らしているだけだった。

この日の深夜、私はもう一度、阿順《アーシュン》と一緒に埠頭へ来ていた。何分かおきに、コンテナがトレーラーの車台を軽くこする金属音がする。また、ガントリークレーンが動くときにもかぼそい警告音が鳴る。しかしこれらを除けば、埠頭は静けさに包まれていた。かつての「夜空までもが煌々とするほどにぎわっていた」極盛の時代の喧騒や明るさとはうって変わって、一九九〇年代末以降の地元の人々のこの港街に対する一般的な印象は「静」であった。とりわけ埠頭の男性労働者や埠頭周辺の飲食店の従業員にとって、この「静」は、死を思わせる静けさのイメージと結びついたものだった。

埠頭には、サーチライトの光線が届く隅のほうに、一台の車と二台のバイクが停められていた。車と海岸のあいだには三人の男性がおり、ある者はしゃがみ込み、ある者は舫《もや》い綱のかかった円柱に腰掛けている。このうち二人は釣竿を持っており、足元にはそれぞれ白いプラスチックのバケツが置かれていた。何かは分からないが、アルミ缶も何本かある。三人は時折、ぼそぼそと会話を交わしていた。

阿順と四人の同僚は、ガントリークレーンの下で一つのチームとして働いていた。年齢はみなだいたい同じぐらいで、五十歳から六十歳のあいだであった。阿順と同僚たちの業務は、操縦士と手作業スタッフとに分かれている。操縦士一人がガントリークレーンの操作を担当し、ほかの四人は二人一組で手作業を担い、順番に休憩を取る。手作業スタッフの仕事場はガントリークレーンの真下である。クレーン担当の同僚がコンテナをトレーラーの車台に下ろす直前の数秒間で、トレーラーの両側に立つ二人がそれぞれコンテナの底部にある、車台に固定するための四つの隅金具を手早く開け、しっかりとロックしたらそばを離れる。

トレーラーをガントリークレーンの真下に入れて、コンテナを車台に固定し、コンテナを積んだトレーラーが出発するまでが一つの作業工程となる。これがくりかえされるあいだ、地上で手作業をするスタッフも、それぞれのトレーラーの運転手も、互いにほとんど口をきかない。時折、トランシーバーを手にした手作業スタッフが、建物十階分もの高さにあるクレーンの操縦席から、腰を丸めて下方を確認しながら操縦をおこなう同僚に、コンテナを下ろす位置の調整の指示を出すぐらいである。

真夜中の十二時から仕事が始まったので、阿順と四人の同僚はもうすでに三時間あまりも埠頭にいることになる。そのときちょうど小雨が降りはじめた。仮に雨宿りできる場所にいたとしても、十分もすれば長ズボンの裾がだいぶ濡れてしまうほどの雨だ。しかし阿順を含め、地上で手作業をしている四人は雨具を着ておらず、雨靴も履いていない。むかしから雨のなかだろうとあらゆる貨物を背負って運んだ苦力《クーリー》にとって、この程度は雨のうちにも入らないのである。ましてや、いまは仕事の大半が機械操作なのだ。晴れていようが雨が降ろうが、むかしほどには手作業に影響しない。

数十分の小休止のあいだは、別のペアが手作業の持ち場につく。阿順とペアを組んでいた同僚は、ガントリークレーンの向こう側の脚のそばに停めてあるバイクに寄りかかってタバコを吸っている。阿順はというと、こちら側のクレーン下にある荷役作業の進行表を見ており、笑みを浮かべて言った。「今日の進み具合はなかなかいいぞ。六時半ごろには終わるな。」何分かすると、ペアの同僚は適当な場所を探し、居眠りを始めた。一方の阿順は、そばに停めてあったバイクのエンジンをかけ、ライトをつけると、同僚に声もかけずに埠頭を出た。

すでに明け方の四時近くだったが、空はまだ真っ暗だった。この前と同様に、私は彼のバイクの後ろに乗せてもらっていた。阿順は二十一番埠頭の守衛ゲートを出ると右に曲がり、西岸埠頭の壁に沿って走り、敷地外に通じる通用道路を抜けて先へと進んだ。左側には住宅や店舗が並んでいるが、人影も明かりもなく、ただ二か所だけ明かりが灯っていた。一つは荷役会社の二階にある控室、もう一つはそこから二十メートル弱のところにあるタイヤ屋で、店のシャッターを上げ、そのなかで二十代の男性二人がそれぞれソファーに転がってテレビを見ながらうとうとしているのが見えた。国際コンテナ船に合わせて二十四時間体制で運行するトレーラーが彼らの主要顧客なので、彼らもまたこうして「仕事待ち」をしているのだ。そのまま走って三分もしないうちに、私と阿順は西二十六番埠頭前に着いた。そこでは、あの二軒の屋台がすでに明かりをつけて営業を始めていた。

にぎやかだった一九七〇年代の初頭、埠頭には合わせて六千三百人以上の労働者がいた。[3] 八〇年代には、晴れていようが雨が降ろうが、深夜になれば東西両岸の埠頭では大型サーチライトがすべてつけられ、絶え間なく出入りするコンテナ船や慌ただしく動くガントリークレーン、頻繁に行き来するトレーラーを照らし出していた。埠頭全体が、空までもが明々と照らし出され、まるで不夜城のようであった。当時の港湾労働者たちはこのような光景を「夜空までもが煌々と明るくなるほどのにぎわい」と表現していた。

しかし九〇年代末以降、夜の埠頭は、その内も外も一様に静けさに包まれるようになっていった。たくさんあった屋台は、もはや埠頭には来なくなった。西二十六番埠頭の外でいまでも残っているのは、清水《チンシュイ》の奥さんの屋台と、朝食を売る三輪の手押し屋台くらいのものである。かつて西二十一番埠頭の外に各種の屋台が集まっていたのも、いまではめったに見られない光景となった。現在も少数ながら屋台は残っているものの、かつてのように二十四時間、港湾労働者が絶え間なくやってくるのに合わせて店を開ける、というようなことはなくなった。いまでは屋台を開く時間もだんだん短くなっており、たいていは昼時に集中している。ただ、ごく少数の、たとえば西二十六番埠頭外の二軒の屋台のように、空がまだ暗いうちから営業を始め、あまり数は多くはないが早朝から働いている港湾労働者を集めている屋台もある。

私たちが屋台に着いたとき、二軒とも客はそれぞれ数人程度で、互いに言葉を交わす人はいなかった。ここの客はみな埠頭の荷役労働者だろう。阿順が身に着けているのと同じような反射ベストを着て、ヘルメットをかぶっている。彼らは、次の交代時間まで何時間かあるときや仕事の合間の休み時間を使って、おのおの埠頭を出て、小腹を満たしに来ているのだ。

阿順は二十分もしないうちに二十五元の魚スープと、二軒の屋台が競り合っているうちに量がどんどん増えていったという二十元の汁なし麵を食べ終え、それから私たちはもと来た道をたどって埠頭へ戻った。阿順は軍手をはめると、もう一組のペアから仕事を引き継ぎ、その後早朝六時半になってようやくこの船のコンテナをすべて下ろし終えた。それからみながそれぞれにバイクにまたがって家路につくまでのあいだ、埠頭で二十数年にわたって一緒に苦力《クーリー》仕事をしてきたこの四人が互いに言葉を交わすことはなかった。

阿順と四人の同僚は民営化前から埠頭で働いており、民営化後もそのまま同じ荷役会社に入った。そうして数十年も埠頭で一緒に過ごしてきたわけだが、現在の仕事のときの雰囲気は以前のようではなくなっていた。民営化後、埠頭に残った労働者は少なくなってしまったし、仕事中は各自で作業をしているので、違う持ち場にいる同僚とは話もしづらい。そのうえ、どの人も収入がかつてほどではなくなったので、一緒に食事をしたあとに誰がおごるかという話になる気まずさを避けるため、仕事の合間の休み時間には、だいたい埠頭で居眠りをするかタバコを吸うか、あるいはひとりで埠頭の外に何かを食べにいくかで、仕事が終わればそれぞれまっすぐ家に帰るのだった。

埠頭から家へ向かう前の数分のうちに、それまでずっと言葉少なだった阿順が、眉をひそめながらいろいろと話してくれた。

先月、ある同僚が埠頭で船会社のやつと揉めたんだ。そうしたらさ、その船会社のやつ、自分の会社に訴えたんだ。それで、船会社は俺たちの会社にクレームをつけてさ、そしたらよ、その同僚は罰金一万元を払わせられたんだぜ。むかしはな、仕事をしているみんながお互いさまって感じだったけど、いまは違う。上が圧力をかけてきたら、マネージャーからいろいろ言われるんだ。いまの仕事は時間も滅茶苦茶だしな。同僚とのあいだには何の感情もない。民営化されてから、みんな気持ちがなくなったよ。関係が遠くなっちまった。むかしはな、民営化される前にはまだ夫婦で集まったりもしたんだよ。いまじゃなんにもねえ。いまは、仕事がないときは控室なんか行かねえよ。まっすぐ埠頭へ来る。

むかしは、もし機械を壊しちまったら、労働組合が弁償したんだ。その金は、みんなが毎月の給料から少しずつ共同金庫に入れてたんだよ。つまり、みんなでリスクを分担しようってわけさ。いまじゃ違う。心の持ちようがぜんぜん違う。雇われ人だからな、もし何か壊しちまったら、親方が弁償しなきゃなんねえ。親方は当然、おもしろくねえさ。親方がリスクをかぶらないとならない。いまでは船会社が一番えらいからな。何かあったらすぐに自分のところの社長に言いつければいい。明日お宅に下ろしてもらう荷はない、って言えばそれで終いさ。みんな、嫌な仕事をやらされるんじゃないかってビクビクしてる。何かあったら、それはそいつ個人が責任を負うんだ。つまり、自分の問題なんだ。

民営化後に職を失った多くの同僚たちに比べれば、ガントリークレーンの下に残り、苦力《クーリー》仕事をする彼らには、まだ三食満足に食べられるだけの収入がある。しかし、彼らにとってそれは尊厳や生きがいを感じられる環境ではなかった。こうした変化のプロセスにおいて、港湾労働者たちの自分自身に対する価値認識の仕方は、意識の位相においてつくり変えられていった。さらには、人間関係における彼らの立ち位置も根本的に変わり、男たちの情誼は「自分たちは仲間である」という意識に基づく感情文化から退場することになった。仕事は彼らにとって、阿順が一再ならず「いまじゃなんにもねえ」と言っていたような、味気ない労働になってしまった。

このような世相では、「誰も他人なんてかまっていられなくなる」。私には、このときは思いつかず、ゆえに聞けなかったことがある。阿順がいつも寡黙なのは、もし生まれつきの性格ではないのだとしたら、それはここ数年で彼が「みんな気持ちがなくなった」「関係が遠くなっちまった」と感じていることと関係しているのではないか、ということだ。

いまでは、控室に残る港湾労働者はだんだん少なくなってきている。時折、仕事に行く前、あるいは仕事が終わってこれから帰ろうというときに、パソコンでソリティアやテトリスをしている人が一、二人いるくらいである。まれにもっと人数がいるときは、誰かがテレビを見ながら、お茶を淹れるために湯を沸かしたりしていることもある。しかし、たいていの場合、この広々とした控室には誰一人いないことがほとんどだった。李永発《リーヨンファー》は、ほかの同僚に比べれば、わりと控室にいることが多いほうだという。

むかしは仕事量が少なくて、金がたくさんあった。懐具合がいいからさ、茶屋に行くツレを探してるやつがいりゃ、「いいよ」ってなる。いまじゃ、仕事量は多いのに、金がぜんぜん足りねえ。勤務時間も長くなって、やっとのことで仕事を終わらせてようやく休める。いまじゃ、仕事が終わっても、みんなそれぞれ自分の時間を過ごすだけさ。控室へ来るやつなんていまじゃもう少なくなってきた。だけど、俺はほかに行くところなんてねえからさ。ここじゃなきゃ、どこへ行けばいいんだ?

市街地に面した港湾の泥地は、いまや魚釣りが禁じられた観光広場へと「浄化」された。茶屋や紅灯戸《ホンドンフー》も、一九七〇、八〇年代の盛況ぶりは見る影もない。ネオンサインが煌々と灯る鉄路街の店は、残ってはいるが、わずかに何軒かが営業している程度で、薄化粧をした五十歳過ぎの女性が数人、入り口に置かれたテーブルのそばでタバコを吸っている。しかし、大半の店では錆《さ》びついたシャッターが下ろされ、門前には埃まみれになったチラシが放置されたまま折り重なっている。鉄路街以外でも、埠頭の周辺にあった路地裏の茶屋や清茶館、カラオケ店のなかには、営業をやめてしまった店やパチンコ店に変わったところもあり、時折、狭くるしい空間にいくつかパチンコ台が置かれ、そのなかで中高年の男性が数人、タバコをふかしながら遊んでいるのが見える。鉄路街の陳さんは、いまとむかしとでまるで違う景気を比較しながらこう語る。「埠頭が民営化されてから、退職した人もいるでしょう。そうしたら、わざわざ外に出てお酒を飲みにくる理由もないのよ。埠頭もむかしと比べたら良くないからね。むかしはね、お客さんもわりとたくさん注文してくれたの。いまじゃ、もうダメ。来てくれたとしても、ちょこっと注文するだけ。気持ちを表すために注文してくれるって感じね。」

グローバル経済市場がこの港街との接続を断ち切ると、港の恩恵を受けて繁栄していた各種の産業は、コンテナ船の減少とともに急速に冷え込み、基隆はかつてのような外の土地から多くの人口を引き寄せる繁栄の都市ではなくなった。それどころか、人口移動の方向は逆転し、外からの移民流入の波は止《や》んで、基隆の若い世代が隣接都市へと流出するようになった。この街は、埋められたまま数十年経っても掘り返されることのないタイムカプセルのように、一九九〇年代末の姿のまま凍りついている。

埠頭内の静まりかえった労働現場、埠頭周辺のまばらな屋台、鉄路街で客待ちをする年配女性。これらによって構成されるこの街の肖像は、一九七〇年代前後から膨大な数の港湾労働者によってつくりあげられてきた公共空間と、そのなかで発展した感情を基底とした豊かな人間関係のネットワークとが、一九九〇年代末以降、国際コンテナ船の減少にともない急速に消失したことを映し出していた。そして、社会全体の生活状況、人間関係、自己意識によって形づくられた時代状況は、港湾労働者たちが経済的に落ちぶれ、世間によって（あるいは政治経済的基準によって）等しく社会の下層に位置づけられるというだけでなく、より深い意味において、彼らの「孤独」の時代が始まることを指し示していた。孤独とは単に、これらの男性労働者が埠頭で独りぼっちであることを指すのではない。埠頭の外の世界——つまり彼らの家庭における家族との関係は、彼らにとって、いまにも倒れようとしているドミノの最後の牌《パイ》のようなものだった。

■声を失った父親

かつて、李正徳のようなトレーラーの運転手は、コンテナを運んで一往復か二往復したあと、まだ日が落ちる前に仕事を終えていた。自宅で夕飯を食べるまでにはまだ何時間かあるし、ましてやポケットには札束でふくれた財布があるわけだから、彼らのなかに急いで家路につく者はいなかった。

彼らは、チームの仲間とトランシーバーでやりとりをするあいだに早くも飲みにいく約束を取り付け、埠頭に戻ってトレーラーを停めると、さまざまな茶屋や飲食店を順繰りに回りながら酒を飲み、話に花を咲かせ、拳遊《けん》びをしては酒をあおった。狭いがゆえになおさらぎゅう詰めに感じられる空間に、酒やタバコ、運ばれてきた料理などの臭いが混じり合い、あちこちから聞こえてくるさまざまな物音で満ちていた——椅子が床をこする音、酒瓶を開ける音、箸が皿をつつく音。おしゃべりをしたり言い合いしたりする声、男女がふざけ合う笑い声。カラオケの音楽に、店を出ようとする人たちの、誰がおごるかで揉める声。埠頭内では夜でも空が煌々とし、埠頭外でも白昼のごとき喧騒が続いた。

しかし、こうした日常の生活風景は、一九九〇年代末になると徐々に消え失せていった。それは、入港するコンテナ船が少なくなったことや、石油価格が上昇しつづけたせいばかりではなかった。コンテナの輸送費もまた、価格競争のために、一台あたり四千五百元だったのが三千七百元まで切り下げられ、その結果、トレーラー運転手の収入は半分近くにまで減少した。徐々に大きくなっていく財務上の穴を埋めるため、(4) チームで飲みにいく機会は少なくなる一方、彼らが車を走らせる時間は次第に長くなっていった。

いまでは、トレーラーの運転手たちは四往復を走り終え、夜七時ごろにようやく一日の仕事を終える。そして、荷役労働者と同様に、埠頭と鉄路街に入り浸る生活からは離れ、それぞれの家へまっすぐ帰るようになった。「夕食時に家にいる父親」となった彼らが、家族とともに身を置くこととなったのは、かつてとは異なる未知の情景であった——淡々としたニュースキャスターの声だけが響くなか、一つの食卓を囲み黙りこむ家族。夜を通じて静まりかえった家。二〇一〇年の夏、李正徳は両親と息子が住む家を出て、華容《ホワロン》と同居を始めた。数か月前には二人で戸籍事務所へ行き、結婚の届出を済ませていた。この日の昼、李正徳はトレーラーには乗っていなかった。省道[*4]で車を電信柱にこすってしまい、工場に修理に出していたのだ。彼はもう一、二週間ほど埠頭に入っていなかった。会うたびに感じていたことではあるが、私が二〇〇九年の夏にフィールドワークを始め、彼と知り合った頃と比べて、李正徳はずいぶんもの静かになっていた。東岸の実家にあった酒は、あいかわらず新しい家の食卓にも置かれていた。

　その夜、彼の息子が電話をかけてきたのは、もうすぐ九時になろうかという頃だった。あと一時間もすれば、李正徳が寝室に入って眠りにつく時間である。彼の息子が言うには、パソコンのディスプレイが見えづらくなってきたので、新しい眼鏡を買う金が欲しいということだった。息子のほうから李正徳に話しかけたのは、ほとんどこれが初めてのことのように思われた。李正徳は、もう半月も仕事に出ていないことは言わず、ゆえに当然トレーラーの修理費用を支払わねばならないことを口にすることもなく、息子に電話を繋いだまま待つように言った。

　李正徳は肘掛けをつかんでリビングの椅子から身を起こすと、車のキーを手にふらふらと階段を下り、路地の入り口の車を停めてある場所へと向かった。貨物船が来なくなって以降、打ち棄てられてしまった西岸を、彼は遠くに見えるほの暗い街灯を頼りに歩いていった。しかし、彼の白色の乗用車にたどり着く前に、道端の手入れされていない花壇から突き出した鉄釘が李正徳の左膝に突き刺さり、出血した。結局彼は病院へ行って三針縫うことになってしまった。

私が知っているのは、あの日、李正徳は、自分が以前かけていた眼鏡を取りに戻るために車へ行こうとしていたということだけだ。酔っぱらっていたこの父親は、ただその眼鏡を息子に試させてやろうという一心で車へ向かったのだろう。あるいはそれは、九〇年代末以降、父親でありながらこちらに手を伸ばす息子に応えてやれなかったばつの悪さを、多少なりとも覆い隠してくれるものだったのかもしれない。どうしたらよいのか分からないがために身動きが取れず、自分ではどうすることもできないこのような気まずさを、私は以前にも別の港湾労働者の姿に感じたことがあった。

王家龍《ワンジャーロン》は現在、恋人と、彼女が前夫とのあいだにもうけた子どもの三人で暮らしている。彼の前妻がいまの恋人との同棲を始める前には、王家龍は時折、二人の息子に会うために前妻の家を訪ねていた。王家龍が言うには、息子に会うため前妻の家へ行っても、どういうわけか、長男はいつも不在で会えなかったという。ある日、彼がベランダで息子たちの学校が終わるのを待っていると、長男が帰ってくるのが見えた。マンションの入り口まで来て、エントランスの鍵を開けようとした長男は、そばに王家龍の車が停まっているのを目にするとさっと身を翻し、もと来た道を戻って行ってしまった。

王家龍はこれを、自分が若いときに「逃げまわっていた」因果が、いまになって息子との離別という形で返ってきたのだと理解した。息子との関係を修復しようと、彼はここ数年、彼なりに頭を絞っていろいろと試してきた。数年前、長男が台湾南部で兵役につくと、息子が家族の面会がないことを理由に休みも取れず、公務に出されることのないよう、会社に休暇を申請して、南部の小さな旅館を予約した。毎日部隊へ行って、息子に面会しようと考えたのだ。最初の日、丸一日も取れた長時間の面会のあいだ、テーブルを挟んで向かい合った息子は終始口をきかなかった。その後の数日間も王家龍は部隊を訪ね、息子を外へ連れ出した。バイクを借り、黙りこくったままの息子を四日間、休暇の最後の最後まで、後ろに乗せて走りつづけた。

彼は言い訳するように言った。「これなら少なくともただ二人で何もせずに座っているだけにはならないだろ。」王家龍の顔はその口から吐き出されたタバコの煙に包まれ、数年前まで埠頭の内外を闊達に駆けまわっていた益荒男《ますらお》がこのときどのような心境でこう話したのか、私にははっきりとは見えなかった。ただ、王家龍にせよ李正徳にせよ、その表情と口調には、どうすればよいのか分からず茫然とする父親の困惑が滲んでいた。

その日、李正徳の母親が珍しく彼に電話をかけてきた。数日前、彼の息子がまた彼女の箪笥《たんす》から金を盗んだのだという。李正徳はすぐさま実家に戻った。その後、リビングで繰り広げられたのは、私がいつもここで目にしていた静かな晩餐などではなかった。李正徳は息子に罵声を浴びせ、息子がやめてと懇願しても殴りつづけた。折檻が終わったあと、華容が言うには、これはこの家で何十回となくくりかえされてきた光景なのだという。李正徳は今回、息子にある選択を迫った——この家から出ていくか、家族を辱めるようなことはもうやめるか、あるいは警察に通報するか、である。

夜半、李正徳は華容と一緒に暮らす家へ戻ると、静かに洗面所に入っていった。彼が出てくると、華容は両腕を伸ばして言った。「あなた、おいで。」すると李正徳は彼女をぎゅっと抱きしめた。いつもならただ突っ立って何の反応も示さない彼の、その顔いっぱいに涙が流れていた。

この街の岸辺から国際コンテナ船が姿を消したことで、肉体労働者たちは埠頭から、鉄路街から、街中の屋台から、それぞれの家へと押し戻された。労働者たちが家庭における夕食の場に再び姿を現すようになったとき、彼らが向き合わねばならなかったのは、もはや世間知らずではなくなった子どもたちであった。一世代下の子どもたちは、社会的・文化的に構築された理解の枠組みを通して、目の前の、長らく家を不在にしていた風采の上がらぬ父親を見るようになっていた。

李正徳はかつてひそかに背筋を正し、父として、ある誓いを立てていた。「たとえ貧すといえども、貧するは我ひとりのみ。」しかし、日々の生活のなかで子どもたちがさりげなく示す一つひとつの表情や言葉やしぐさが、食卓についたこの男をあからさまなまでに狼狽させてしまうのだった。(5) 埠頭や茶屋にいられなくなり、「家にいる父親」となってからというもの、李正徳は毎晩、あの米酒《ミージョウ》の水割りを何杯かあおって、子どもと一緒にいるときの静まりかえった雰囲気や、それにともなって湧き起こってくる無力感から目を背けようとしていた。「水で割ると、もうちょっと長く飲んでいられるんだ。俺はちょっとだけ飲んで、自分をちょっとだけ酔わせる。こうしてれば子どもと話そうなんて思わなくてすむ。何をしゃべっていいのか分かんねえんだ。」

肉体労働者らは埠頭の最下層へと落ち込んだあと、家庭へ戻り、今度は声を失った。そのことによって、彼らはまた、自身が想像すらしたことのない境遇へと落ち込むことになった。かつてのように、浮き沈みのある生活のなかで時折うまくいかないことがあるというのとは異なり、遅々として改善をみない日常化した苦境が、家に戻った男たちの生の世界にひっそりと、しかし深く、根を下ろしていた。それは彼らに生活の困窮を感じさせるにとどまらず、たえずおのれの無力さを根底から突き付けてくるのだった。

つまるところ、日々の静かな夕食の時間は、記憶のなかのかつての生活風景——さまざまな飲食店や鉄路街の店々によって構成された、視覚的にも味覚的にも聴覚的にも豊かだった日々と鮮明な対比をなすばかりではないのだ。港湾労働者たちは目下の生活において、もはや男として完全に無能であるということに、たえず気づかされるのである。それは「ガウ」とはまったく異なる生の感覚であった。ドミノの最後の牌《パイ》に映るのは、「ガウ」との結びつきを断ち切られた男たちが、権勢もなければ言葉を発する力もない失語状態の父親となった姿である。

このような孤独は、世界的な自由経済市場の変動に端を発するというだけでなく、これらの男性労働者たちの家庭生活に満ち満ちている静寂の声にこそ起因しているのだろう。王家龍が四日間バイクを借りたのも、李正徳が毎晩水割りを飲むのも、表面的には男たちが親子がともに過ごす時間の静けさを別の方向へ切り換えようとしたかのように見える。しかしその実、彼らは、父親としてどうしたらよいのか分からないという心の奥底の困惑を、なんとか抑えつけようとしていたのだった。

これこそが、男たちがもはや脱け出すことも、挽回できる余地もないまでにはまり込んだ奈落である。新自由主義という名の、多くの人は耳にしたことすらないものの、すでに人々の呼吸から一挙手一投足にまで染みわたったものが、二十一世紀においても天地を覆いつくさんばかりの勢いであらゆる場所を席巻しつづけている。あの街の埠頭の岸辺に残されたのは、一枚また一枚と剝ぎ落とされ、葬り去られたたくさんの孤独と、本当の意味での「死の静けさ」であった。それは、誰にも顧みられることのない、人間失格の道であった。

（1）警備員と警告表示板は、市政府交通旅行処のスポークスマンの市議会における発言、すなわち、広場における「市の景観に影響を及ぼす」魚釣りという現象を「改善」するために「関連措置を取る」と述べたことを体現したものであった。

（2）貨物船が港へ来なくなった原因について、労働者たちのあいだでは一般的に次のように言われたり、お互いに推測し合ったりしていた。「コンテナ船が徐々に少なくなってきたのは、中国の港が開放されて国際コンテナ船が対岸へ行ってしまったせいで、この島〔台湾〕は政治的要因で中国の港湾と協力することができないがために、市場を失ってしまった。」「現在、入港するコンテナ船の数がきわめて限られていることに加えて、この街〔基隆〕にもうずっと「ガウ・ラン（できるやつ）」がいないせいで、近隣の国際都市の有能な政治家が手腕をふるって、この港から国際貿易港としての役割を奪うのをみすみす許してしまったのだ。」

（3）一九七二年の時点で、港湾労働者の数は六三〇四人に達していた。ただし、現時点で入手している資料では、この人数にいわゆる「散苦力」〔臨時雇いの苦力〕が含まれるのかどうかは確認できない。

（4）かつてのトレーラー運転手の主な支出先は、飲食や娯楽活動であった。しかし、収入が急減してからは、毎月の固定支出である生活費、ガソリン代、修理代、トレーラー購入時のローンの返済などが、彼らの収入の八割以上を占めることになった。このほか、以前からの習慣となっていたタバコやビンロウ等の嗜好品にかかる費用も合わせると、使えるお金はほとんど残らなくなってしまった。

（5）子どもたちが肉体労働者である父親に対して抱く不満は、親子が衝突する場面でよく引き合いに出される以下のような話にはっきりと表れている。「……ちっちゃい頃から、誰も自分をかまってくれなかった……あんた〔父親を指す〕はいつも外にいて……自分にどんなことがあったのか、ぜんぜん分かってない……。」私はフィールドワーク中に、二人のインフォーマントが子どもたちと衝突する場面に出くわした。言い争いが終わると、男たちは父親としてどうしたらいいのか分からないといった様子で、椅子に座り、長いこと沈黙していた。私のような部外者からしても、あの空気のなかに停滞していた死を思わせるほどの静けさは、出口のないもののように感じられた。

訳注

＊1　台湾島北東岸で海が内陸へと深く食い込んだ部分に基隆港があり、二〇〇九年にオープンした「海洋広場」はその南端に位置している。広場のそばには日本統治時代に整備された埠頭があり、そこから台湾鉄道の基隆駅までは歩いてすぐの距離である。基隆駅は二〇一五年にガラス張りのモダンな駅舎に改修され、二〇二四年には駅と連結される形でバスターミナルの運用も始まり、駅と埠頭を結ぶ空間は基隆の玄関口として新たに整備された。現在では、海洋広場は基隆へ来た人々が最初に訪れる観光スポットとなっている。

＊2　雑貨船は、貨物運搬用船舶の一種。荷役設備のない港でも荷役作業がおこなえるようクレーンを備えており、船体に設けられた船倉に荷物を納めることができる。

＊3　「切断」の原語は「掛斷 disconnect」で、「接続」（原語：接連 connect）の対義語として用いられている。本書の元となった著者の修士論文では James G. Ferguson, Global Disconnect: Abjection and the Aftermath of Modernism（in Jonathan Xavier Inda & Renato Rosaldo eds., *The Anthropology of Globalization: A Reader*, Hoboken: Wiley-Blackwell, 2002）を参照している（魏明毅「基隆碼頭工人：貨船、情感及其社會生活」國立清華大學人類學研究所碩士論文、二〇一二年、七頁）。同論文では、ザンビアの

銅鉱山が事例として検討されている。グローバル企業が利潤を求めて銅鉱山へ入り込み（＝接続）、それにともなって産業化が進められたが、需要がなくなると突如として鉱山から撤退する（＝切断）。こうした過程で鉱山労働者が翻弄された問題をファーガソンは指摘した。本書における著者の用語もこれに基づくものと思われる。

＊4　「省道」とは台湾省内の幹線道路を意味する（台湾省は一九九八年に凍結）。事実上、日本の国道に相当する。

第5章　彼らは私たちである

歴史は常にその時代の基準によって、何が記録するに値し、何が言及するに値しないのかを切り分ける。

いま、海洋広場に立って港のほうを見ると、まず目に飛びこんでくるのは東岸埠頭の外側にそびえるオフィスビルや多国籍ホテルチェーンのビル群であり、その手前には、すぐ目の前にあるように感じられるほど巨大な最新モデルの国際客船が停泊している。観光客や住民たちが気づいているかは分からないが、目を凝らすと、国際客船の後ろ側、少し奥のほうに、東西の埠頭に立つ十台あまりのガントリークレーンが真っ赤なブームを伸ばしているのが見える。ブームはどれもだいたい空を向いているが、何本かは海のほうへ伸びており、その傍らには他の都市ではめったに見られないような大型の貨物船が接岸している。

似たような姿で立つこれらの赤い巨大建造物は、空の晴れわたる季節には、きらきらと光を照りかえす青黒い海や真っ白な雲と調和して、島に住みながらも文化的には海に近づく習慣のない台湾の住民にとって、まさしく異国情緒にあふれた風景を織り成している。この情景のなかに身を置くと、このような疑問が湧いてくるかもしれない——あの赤いクレーンの下では、かつてどのような人間模様が繰り広げられていたのだろう？　この場所が現在のようになる前、埠頭にはどんな人たちがいたのだろう？　その人たちはいま、どこへ行ってしまったのか。彼らの身にどのようなことが起こり、いまはどのような生活をしているのか。そうしたさまざまな変化は、どのような力によってもたらされたのか。

こうした疑問への答えは、彼らが歴史の流れのなかで声や姿をもたない存在であるがゆえに、空白であるかのように思われる。私はこの基隆という港街で見聞きしたことを、できるかぎり書きとどめた。港湾労働者たちの過去と現在の生を明らかにすることによって、歴史の暗渠に押し込められていた彼らの声なき声を拾いあげ、経済データや人口統計の数値の背後に潜む立体的なイメージ——一九六〇年代末から現在に至るまでの世界経済の勢力図やグローバルサプライチェーン、貨物船、国家（政府）、現地社会、文化、そして埠頭の男性労働者たちがともに形づくってきた街の肖像を、描き出そうと試みたのである。

私は、歴史に名の残ることのない男たちの姿を可視化することを通じて、いまも各地で発生しつづけている（引き起こされつづけている）問題を、できるかぎり明るみに出したいと思った。あるいは、人間と、私たちの生きる世界についてのさらなる問いを引き出せるならと願っていた。

■第一ラウンド：新自由主義との接続

世界の片隅に位置する台湾は、この島が外の世界から閉ざされることを恐れ、いまだ「グローバル化」できていないことを焦りに思っている。しかし、「新自由主義」という名の一筋の線は、現にさまざまな資源のありかを嗅ぎ分け、低廉な物資や労働力を熱心に探索しながら、地球上の国や地域の境界を思いのままにすり抜けている。それは各国の政策を飛び越えたりつくり変えたりしながら、それぞれの歴史的段階において、さまざまな地域を、そこに暮らす人々や彼らの生活世界もろとも、みずからの打ち立てたグローバル市場へと「接続」する。そして、その後遅からずやってくる次の段階においては、その地域を、やはりそこに住む人々や生活世界もろとも、グローバル市場から「切断」するのだ。

一九六〇年代末に基隆や台湾をグローバル経済市場へと接続したのは、この地の物資や低廉な労働力を嗅ぎつけてやってきたグローバルサプライチェーンであった。大型船の入港は、単に貨物がこの島に出入りするようになるということや、台湾の経済指標が変化する可能性以上のことを意味していた。国際貨物船が一隻、また一隻とこの岸辺に停泊するようになるにつれて、何千人もの少年や男たちが、それぞれの故郷からこの埠頭へと引き寄せられてきたのである。

二十四時間、時を問わずやってくる国際貨物船は、港湾労働者の「船中心」の昼夜シフトの労働形態をつくりだした。貨物船が入港すると、労働者たちはできるだけ早く荷役作業を終わらせ、船を速やかに出港させなければならなかった。船が来る前も、埠頭からあまり遠くへ行ってはならず、呼ばれればいつでも持ち場に入れるよう仕事待ちをしなければならなかった。労働者たちの「待ち」の時間は、埠頭労働の時間の不規則性を反映している。つまり、彼らの日常は、東経一二〇度の台湾標準時を基準に動くのではなく、グローバル経済市場によって組み立てられるフレキシブルな労働時間に規定されていた。時間の境界をも乗り越えるグローバルサプライチェーンの前では、晴れていようが雨が降ろうが、暑かろうが寒かろうが、春節〔旧正月〕だろうが清明節〔先祖の墓へ参り供養をおこなう節日〕だろうが関係なく、男たちはみな埠頭周辺にとどまり、労働者の密集する空間で仕事待ちをするというサイクルをくりかえさなければならなかった。国際貨物船からすれば、各地の港湾に「営業時間外」など存在しない。二十四時間、常に開放されていて然るべきなのである。

グローバルサプライチェーンによって、彼らの労働時間帯は、家族や埠頭外の労働者たちとは異なるものとなった。そこにこの土地の地理・気候条件があいまって、基隆の埠頭労働者たちに特有の時空間が形成されたのである。故郷を離れて単身この港へやってきた肉体労働者たちは、埠頭の周辺にとどまり仕事待ちをするという時間的・空間的構造に嵌め込まれ、自身が望むと望まざるとにかかわらず、この構造の内部において人間関係を築くこととなった。こうして彼らは、仕事と暇つぶしで構成される日常をつくりあげ、家庭や地元住民の社会生活に背を向けるようになっていったのである。

一九七〇年代に入り、機械が人間に取って代わるようになると、港湾労働はかつてのようなきつい仕事ではなくなった。また、荷主たちが自分の貨物の積み卸しを優先的にやってほしいと頼んでくることがあり、その見返りとして物質的な臨時収入が舞い込んでくることもあった。さらに、埠頭外での同僚同士の付き合いに加え、飲食や娯楽の場においても豊かな人間関係が築かれていたことで、労働者たちはますます活発に埠頭の内外を動きまわるようになった。このときにはもう、ひとり故郷を離れた労働者が家族を養うために懸命に働き、過酷な肉体労働に耐えた苦力《クーリー》の時代は終わり、工人頭家《カンランタウケー》時代の生活世界に移行していた。

複雑で多様な社会生活は、物質的な豊かさや充実した人間関係をもたらしただけではない。埠頭の内外におけるさまざまなレベルでの日常的な関わり合いや空間の移動、その一つひとつが、男性労働者たちの異様にきらびやかな社会生活を形づくり、そうして彼らは苦力《クーリー》の時代とはまったく別の歴史感覚をもつにいたった。国際貨物船によってもたらされた経済資本の充足という経験が、この地の文化が称揚する男性の価値規範——すなわち、さまざまな関係性を行き来する者を有能だとみなす感覚へと接ぎ木されたのである。

男たちは、複層的で多様な人間関係のなかで、かつてとは別の、日ごとに鮮明になる生の感覚に身を浸していった。異郷人である彼らが見知らぬ土地で「ガウ・ラン（できるやつ）」に成り上がっていく、その土台となったのは、埠頭内外のさまざまな人間関係のシーンを自在に行き来するなかで得られたステータス感と生の実感であった。

国際貨物船は、港湾労働者たちに特殊な労働形態や消費習慣をもたらしただけでなく、この土地で育まれてきた文化と結びつく形で、貨物船を中心に据えた男たちの生活スタイルをつくりだし、さらには彼らの自分自身に対する認識の仕方にまで影響を及ぼした。国際貨物船の到来によって、埠頭の男性労働者はみな一様にグローバル市場の労働ラインへと——一人の労働者としてだけでなく、一人の個人としても——絡め取られた。そして、歴史上のある時点における日常の実景のなかで、「ガウ」という感覚と結びついたのである。

土地の文化によって打ち立てられ、支えられてきたこの「ガウ」という価値基準は、「男らしさ」を意味していた。

■「男らしさ」と仲間文化

グローバルサプライチェーンによって強いられた二十四時間体制のもとでの不規則な仕事待ちに、雨が多く人が密集しやすいこの土地の環境が重なり合うことで、基隆の港湾労働者たちのあいだには「仲間文化」と呼ぶべきものが生み出された。それは、埠頭の男性労働者とその同僚、娯楽産業に従事する女性労働者からなる、労働者の家庭とは隔絶した、特殊な感情的ネットワークであった。仲間文化の舞台は、歴史的に見れば、国際貨物船と土地の環境に起因する特殊な時間的・空間的構造とが結びついて成立したものであったが、そうした感情のあり方を決定づけたのは文化的なかけひきにほかならなかった。

文化とは一種の日常の風景であり、そのなかに身を置く人々の大半が、社会的・文化的価値に適合するよう意識的に行動を選び取っている。しかしそれ以上に、人は無意識的に文化の敷いたレールの上を歩むものであり、目には見えない形で、似通ったものの見方や感じ方を集団的に形成している。基隆港の男性労働者たちが身を置いていたのは、「男らしさ」が求められる日常であった。

「男らしさ」というのは、単に男らしくあることを求めるというだけではなかった。それは日常における一種の理想形を規定し、男たちがその枠組みの内部で行動し、どうすれば自分が「価値ある」男になれるのかを考えるように仕向けた。と同時に、彼らはそうしたプロセスや結果に照らして、自身が理想の男たりえているかをたえず評価するよう強いられるのであった。「男らしさ」という価値観は、ある歴史的段階において、港湾労働者たちを彼らが集団的に構築した（させられた）社会生活へと引き込んだ。そして男たちは、埠頭内外でのさまざまな人間関係や空間において、金銭や関係性の授受・交換をくりかえす過程で、みずからの有能さを感受し、確認したのである。

ここでいう「関係性」とは、いわゆる人脈のような、単に経済的利益や社会資本を獲得することを目的として築かれる付き合いのみを指すのではない。「関係性」は彼らの自己肯定感の本質であった。港湾労働者たちは、さまざまな関係性や空間のなかで、男らしく何かをあげたりもらったり交換したりすることで、文化的に理想とされる男性像を体現することができた。同時に、日々つむがれていくさまざまな関係性のなかで、個々の物理的空間もまた、男たちの行動を通じて意味づけられ、彼らの居場所となっていった。労働者たちはこのようにして、異郷にありながら自分の居場所をつくりだしていった。そして、彼らの「仲間がいる」ことへの内なる渇望もまた、さまざまな人間関係や空間において満たされていったのであった。

しかし同時に、文化もまた、こうした関係のあり方を縛りつけていた。彼らの関係性が、人生において避けることのできない困難を互いに支え合うような性質のものとならないことは、ある種、運命づけられていた。「男らしさ」は港湾労働者の日常におけるあり方を定義し、彼らが誰に対してどのようなことを／どのように話してよいのか、あるいは、誰にどのようなことを話してはならないのかを、潜在的に、しかし強力に規定していた。港湾労働者がつらく苦しい状態に陥ったとき、「男らしさ」は、孫悟空の頭にはめられた緊箍咒《きんこじゅ》のように、彼らの人間関係における感情の交流を締めあげ、あらゆる退路をふさいでしまうのだった。ゆえに、彼らが日々の付き合いを通して築いてきた関係性では、互いの人生におけるさまざまな困難を受け止め合うことはできず、李正徳が口にしていたような日常を外れたところでの人生の挫折の重みを埠頭の仲間たちが支えきれないことも、また必然であった。

　このような状況下では、実生活と隔絶され、またその産業特性に基づく配慮が行き届いた茶屋という空間において、みずからの人生経験を通して世の中の辛酸を知り、ごく自然に隣に寄り添ってくれる阿姨《アーイー》たちと、会話を通じて「互いに仲間である」という感情を積み上げていくことは、港湾労働者たちの語ることへの渇望を満たし、彼らの言うに言えない人生の苦境をも受け止めてくれるものだった。労働者たちは、そこでは「男らしくあらねばならない」という鉄枷をしばし外すことができたのであり、茶屋の阿姨たちは、支え合っているかのように見えた男たちの感情的ネットワークの隙間を埋める重要な役割を果たしていた。こうして時間が経つうちに、経済的な意味合いは後景へ退き、もともと金銭のやりとりによって発展した関係は、もはや一時的な暇つぶしや娯楽ではなくなっていった。それは仲間を求める強い思慕へと転化し、さらには日常生活における感情的な関係性へと発展していったのであった。

したがって、基隆における港湾労働者の仲間文化は、グローバルサプライチェーンによって構築された特殊な時空間と密接な関わりをもつという以上に、文化的意味合いを強く帯びた現象であった。文化的環境こそが、埠頭の男性労働者たちの感情のありようを醸成したのである。また、仲間文化は、埠頭労働者たちのメインカルチャーに対する必然的な反応であったともいえるだろう。彼らの人生の特殊な一時期における名状しがたい苦境を枠づけていたのも、文化的環境にほかならないからだ。

一般に知られていないこのような感情文化が、広く男性労働者の主観的経験の奥深くに存在し、彼らの社会生活を動かしていた。そしてそれこそが、彼らの生の世界を深く理解するための重要な手がかりだった。現代における港湾労働者の感情文化は、内発的に生じたという以上に、グローバル政治経済や在地社会といった外部環境との相互作用によって生み出されたものであった。いわゆる労働者文化(すなわちサブカルチャー)とは、メインカルチャーのもたらす必然の産物である。そこには前向きな順応という側面がある一方、文化に巻き添えにされた結果、必然的に陥ることとなった境遇や苦難もまた含まれている。

■第二ラウンド:切断、しかし新自由主義は残る

一九九〇年代末、グローバル経済市場が世界地図の別の場所にさらなる莫大な利潤を嗅ぎつけたことで、世界的な政治経済の勢力図における台湾の位置づけが変化し、国際貨物船は基隆港を去っていった。グローバルサプライチェーンから切断されたことで、この地の社会生活は変化しはじめた。そして瞬く間に、何千人もの埠頭の男性労働者が、従来の豊かな社会生活や人間関係のネットワークから切り離され、それまでとはまったく異なる生の世界へと引きずり落とされていった。

台湾経済が高度成長を遂げた一九七〇年代、世界的に国際貿易港における荷役作業の機械化が進むなかで、基隆埠頭もその趨勢に追いつこうとしていた。このときにはもう、港湾労働者が切り捨てられ、一掃される未来は予見できていた。当時、埠頭ではもはや重い荷物を背負う大量の人足は必要ではなくなっており、港湾労働者たちは大量の労働力によって荷役作業を担う苦力《クーリー》の時代から脱け出しつつあった。しかし、埠頭労働組合と政府——とりわけ政府はグローバルな政治経済的パワーと在地労働者との重要な仲介者であった——はこうした労働市場の転換を前にしても微動だにせず、彼らを保護するかのように見せかけて、実際には何の対策も講じなかった。それゆえに、埠頭の労働者たちは、大変化の只中にありながら、労働市場が転換しはじめたことに気づかないままに、その後の必然的な没落を運命づけられてしまったのである。

九〇年代末に国際航路が急速に転換し、国際貨物船が相次いで台湾を離れると、政府の役人は新自由主義の「企業利潤最大化」の精神を取り入れ、台湾全体をグローバル経済市場における「有利」なポジションへ「救い上げ」ようと試みた。こうして政府は「(人材)コストの最小化、企業利潤の最大化」のロジックに則り、港湾荷役作業の民営化政策を推し進め、労働組合に代わって資本家に埠頭の支配権を握らせたのである。

民間企業間の価格競争のもとで、荷役労働者とトレーラー運転手はたちまちグローバル企業が喧伝する「薄利」時代の直接的な犠牲者となった。それは単なる港湾労働者の管理組織の刷新にとどまらず、政府がこの港から撤退し、空席となったそのポジションを資本家が引き継ぐという意味合いが強く含まれていた。そこでは新自由主義の思考ロジックが唯一の理性となり、政府が労働者に対して保障してきた最低賃金や適正な労働時間、福利厚生といったことは、資本主義のもとでは非合理的なコストとされた。すなわち、自由経済市場の阻害要因、経済発展にとっての躓《つまず》きの石とみなされたのである。

肉体労働者たちの大部分は埠頭を去らざるをえなくなり、埠頭に残った労働者も賃金を大幅に削られた。それは、港湾労働者全体の経済条件の変化を意味するばかりでなく、いうなれば、新自由主義が打ち立てた経済理性によって埠頭における労働のあり方が「合理的」なものへとつくり変えられることを意味していた。かつては密に交わり、仕事待ちの空間や活動を集団的に共有していた労働者たちは、「効率」追求の名のもとで分断され、孤立した純粋な労働単位へと浄化されたのであった。

資本主義によって定義された「高効率」な労働形態は、同僚間の感情的なつながりを薄れさせ、労働者をネジのような存在へと貶めた。つまり彼らは、一個の人間として扱われるのではなく、労働データやエンプロイアビリティ（働き手が雇用されうる能力）といった数値へと単純化されてしまったのである。埠頭の男たちは、緊密な感情に基づく本来の互恵的関係から、一人ひとりが孤立し、互いに関わり合うことのない労働モデルへと嵌め直された。さまざまな形の交流によって働き手のあいだにきめ細やかな感情が育まれていた労働の情景は、単調で反復的な、意味の奪い去られた労働現場へと取って代わられた。こうして時間が経つうちに、ある者は知らず知らずのうちに感化され、ある者は意識的に適応を迫られる形で、労働者たちはみな自分自身や自分が存在している世界についての見方をつくり変えることになった。自覚的で意義を重んじる行動主体であった労働者は、何も考えず（考えられず）、何も感じない「労働するモノ」へと置き換えられ、あるいはみずからすすんで置き換わっていった。

このような変化は、労働者同士の付き合いを改めて断ち切ったばかりでなく、互いを仲間とみなす男たちの長年来の感情的な結びつきをも切断してしまった。そして、彼らが日常的に育んできた感情的連帯を、利益追求の経済理性に基づく計算へとこっそりとすり換えたのであった。

埠頭におけるこうした変化は、いわばドミノの最初の牌《パイ》だった。それが倒されると、労働者たちの生の世界も立て続けに転覆し、さらには地域社会全体の変容へとつながった。男性労働者同士の友情関係が断ち切られると、それは返す刀で埠頭の外へと拡大し、仲間文化もまた崩壊を余儀なくされた。

労働者の埠頭における感情的連帯と経済資本が削《そ》がれていくにつれて、男たちが飲食店や茶屋へ通うことに付随して成り立っていた関係性や社会的連帯もまた、彼らの日常から次第に消え去っていった。飲食・娯楽産業に従事する女性労働者たちと彼らとのあいだの交友関係も軒並み維持できなくなり、こうして仲間文化は解体したのであった。

市場経済の思考ロジックが機能するなかで、仲間文化に続いて崩壊することとなったのは現地社会であった。都市空間の階級化は、日常の生活空間を塗り替えていった。こうした空間の変容は、この地域の生態環境や社会的文化状況の変化に応じて生じたものではなく、政治経済的パワーの再生産の結果であった。空間がどのように使用されるべきかという規定は、誰がその空間の合法的使用者であるのかを、隠微な形で、たえず人々に伝えつづけた。

埠頭に停泊する国際客船、釣りが禁じられた海辺のきれいな海洋展望台、そして徐々に減っていくコンテナ船――これらが一体となって宣言しているのは、この都市の目線の先にあるのは（海外からの）観光客であって、地元住民ではないという事実である。この港は、豊かで複層的な、地域住民が自由に発展させることのできる有意義な生活空間から、均質で断片化した、地域のことなど気にもかけない観光スポットに変わってしまった。この場所はもはや、個人や集団が各自の意見を自由に表明できるような異質性を許容する空間ではなくなり、分断され均質化された公共空間になりかわった。それは、グローバル経済市場との接続を失うのではないかと焦る政府が、表象《イメージ》の問題に対処しようと思いをめぐらした結果でもあった。

港湾労働者は、まず埠頭において、新自由主義の論理によって「世界」の埒外に置かれた。続いて、埠頭の外における社会関係や居場所となる空間を維持することができなくなり、それにともなって仲間文化が崩壊した。そして最終的には、彼らの姿が国際観光都市のイメージに「そぐわない」という理由で、公共空間という表舞台からも追い出された。つまり、港湾労働者たちが一九七〇年代以降に築き上げてきた労働の舞台、文化的環境によって形づくられた社会空間や感情のネットワーク、この都市に帰属するさまざまな場所、それらすべてを、新自由主義が一つ、また一つと解体し、崩壊に至らしめたのであった。

政府は、九〇年代末から二〇〇〇年代初頭にかけてのごく短い期間に、グローバル市場に協調する形で大なたをふるい、労働市場において不要となった「部品」を切り捨て、次の歴史の舞台に立つべき新しい「部品」に早々と入れ替えていった。舞台を降ろされた港湾労働者たちは、もはやさまざまな人間関係を自在に渡り歩く「ガウ・ラン」ではなくなり、人間関係も居場所も剝奪された「底辺の時代」へと転落した。それは、経済的な意味における没落というばかりでなく、文化的な意味や生の経験において「ガウ」の対極にあるような、正真正銘の底辺であった。

労働者は、隠喩的に一本のネジにたとえられるというだけでなく、実際にもネジのようにいかようにも加工され、市場の原理だけでその価値が決まる部品と化したのであった。それぞれの部品は、市場と資本主義によって、時と場所に応じて鋳造され、表舞台へ呼び出される。そしていずれ、時代に合わない、「世界に追いつけない」と宣告され、さも当然のように別の部品に再加工されるか、さもなくば即刻退場させられるのを待つのである。集団としての必然的な底辺への転落——これこそが、新自由主義がその幕を切って落とし、この地の文化と渾然となって機能した結果、もたらされたものであった。

■人／男たりえないということ、その苦難の形態

国際貨物船が基隆を去ってからというもの、港湾労働者の生の世界はたえず翻弄されつづけたが、その一方で、文化的規範にからめとられた生活環境は変わることなく存在しつづけた。こうした一切のことは、この地に残留した新自由主義とあいまって、変化の只中に置かれた男

たちがみずからの境遇をどのように考え、評価し、感じ取るかということに影響を及ぼしつづけたのであった。

仕事というのは、一つのポジションであるという以上に、人がみずからをどのようにとらえ、どのような人たちと交際し、どのようなときにどのような場所へ行くのかといったことにまで影響を与える。労働市場から放逐され、埠頭外の居場所を失ったことで、男たちが埠頭で過ごす時間はますます短くなっていった。街中の屋台や茶屋をめぐることもほぼなくなり、それにともなって、特定の場所によってつながっていた人間関係も一つずつ失われていった。かくして、労働者は家庭へ戻ることとなったのである。

一九六〇年代末から九〇年代末にかけて、港湾労働者は埠頭から家庭へと身を移し、「ガウ・ラン」(文化的に「有能な者」を意味する)から「ピエン・ボー・リエン」(1)(文化的に「無能な者」を意味する)へと落ちぶれていった。それは、政治経済的パワーが引き起こした単なる生活空間の移動にとどまらず、埠頭内外のさまざまな人間関係から一歩ずつ後退し、家へ戻っていくという体験にともなう、いわば生の感覚にかかわる問題であった。港湾労働者が労働市場の舞台から引きずり降ろされたとき、必然的にその引受人になると思われたのは家庭であった。血縁でつながった安定した社会関係のあるその場所こそが、彼らが困難から逃れるうえでの究極的な居場所であり人間関係となると考えられたからだ。

ところが、長い月日が経つなかで、仲間文化は港湾労働者を家庭から引き離してしまっていた。配偶者や子どもたちが家の留守をあずかりつづけている場合でも、彼らの家庭内での居場所は、一九六〇、七〇年代にはもう空《から》になってしまっていた。「底辺の時代」になり、家へ戻ったとき、彼らはそれまで思い描いていたような身を落ち着けられる居場所や人間関係がもはやそこには存在しないということに、ようやく気がついたのであった。いまや家庭にあるのは、会話のない夜の食卓、父と子の淡白なやりとり、幼かった頃の父親の不在を責める言葉やまなざし、そして父親が必要な金も出せなくなったことに起因する言い争いと衝突、それだけであった。

そうした漠然とした家庭生活を送るなかで、男たちは日々思い知らされた。自分は政治経済的な意味で歴史の舞台から追い出されたというだけでなく、退却した先の家庭においても、無能で無力であるがゆえに、何も言えない父親／夫に成り下がってしまったのだ、と。埠頭内外のさまざまな人間関係が徐々に剝ぎ取られ、次々に居場所がなくなっていくなかで、港湾労働者たちは、自分がもはや理想の男たりえないだけでなく、父親としてもその最低限の「本分」にすら応えられなくなってしまったことを自覚するにいたった。それは、文化的にも心理的にも、彼らの人／男としての尊厳を粉々に打ち砕くものだった。

がやがやと話し声の響くなか酒杯を酌み交わしたかつての鮮やかな記憶とは対照的な、家中を包むひっそりとした息づかいは、港湾労働者たちを幾度となくどん底へと突き落とすのだった。それは、「苦しい」と言い出すことすらできない境遇だった。その苦悶は、苦力《クーリー》の時代や工人頭家《カンランタウケー》の時代の偶発的な逆境とはまったく質の異なるものだった。埠頭の内外においても家に戻ってからも直面させられる全面的な無能感は、はてしない無言の苦しみへと形を変え、彼らが六〇年代末以降さまざまな関係性のなかで築いてきた価値観や自己肯定感を摘み取り、さらには彼らの自己意識や周囲の世界への意識をも変えていった。

国際コンテナ船の入港が減っていく状況に直面した当初、港湾労働者たちは経済条件が全体的に悪化した原因を、国内外の政治環境が良好でない点に求める傾向にあった。ところが、問題は長期にわたって積み重なっていき、彼らはますます困難になる生活に身を浸しつづけることとなった。彼らにはその状況を変えることはできず、一方で、（そうした人間はごく少数にすぎなかったものの）依然としてさまざまな人間関係を悠々と渡り歩いている周囲の「ガウ・ラン」を見るにつけ、彼らとわが身を引き比べずにはいられないのだった。そのとき、文化に内在するロジックが、彼らの認識をある方向へと引き寄せていった——生活上のこまごまとした心配事で構成されるこのすべてを覆いつくすような困窮感は、自分自身の能力不足の反映であり、証明であるのだ、と。

最終的に、最も揺るぎないものだと思われた親子関係において、彼らが父親としての何らの価値も能力も示せなくなったとき、一九六〇年代末以来の彼らの社会生活は完全に崩壊した。経済条件や人間関係のネットワーク、内面世界、そしてみずからに対する「ガウ」の感覚も、すべてが崩れ去った。物質的にか精神的にか、家庭の内か外か、経済的空間か社会的空間かを問わず、港湾労働者は一時《ひととき》たりとも止まらぬスピードで周縁へと追いやられ、奈落へ叩き落とされた。「男らしく」あることで一人前たりえていた男性労働者は、あらゆる人間関係や居場所を失うにつれ、「男らしくない」がゆえに人たりえぬ存在となってしまったのである。

グローバルサプライチェーンと現地社会の文化的環境は、一九九〇年代までに男性労働者同士の豊かな感情的紐帯の形成を促したが、九〇年代以降には逆にその感情のネットワークを瓦解させ、彼らを声を発することさえできない境遇へと追いやってしまった。これらの港湾労働者たちは、グローバルな政治経済システムが国家と協合して各地を席巻し、接続と切断をくりかえしつつ計算高く移動することによってもたらされた苦難を、みずからの無能と無力の問題として理解しようとした。政治経済的パワーによって生み出された集団的な現象は、こうして労働者一人ひとりの孤独の経験になりかわってしまったのだった。

一九六〇年代末から九〇年代末にかけての基隆の歴史は、表面的に見れば、国際貨物船が市場経済の論理をもたらすプロセスであった。ただ、実際にこうした展開を決定づける鍵となったのは台湾政府であり、現地社会の文化的環境であった。政府は、グローバル経済市場と現地社会との仲介役として、市場経済が労働者の生活世界に及ぼす影響の範囲や程度を決定したが、それは同時に人々の生の感覚や集団としての存亡をも左右するものだった。しかし、その過程において、地域や住民、人々の生活世界は、いつでも切り捨てられるモノや計算可能な数値へと還元されてしまった。政府は「自由市場」という名目のもと、その最も基本的な責任を放棄し、国民を「労働するモノ」とみなして捨て置いたのであった。

港湾労働者の身に起こった人間関係の段階的な喪失や、それぞれの場における声の喪失は、この地において誰の目にも明白でありながら顧みられることのない社会的事実となった。こうした事実が黙殺されたのは、一つには、これらの労働者たちがもはや政治経済的パワーの関心の対象でなくなったためであるが、より重要なのは、新自由主義が文化的価値観と連動する形でこの地域に支配的な語り《ナラティブ》を生み出し、それによって一般社会の港湾労働者の現状に対する理解が単純化され歪曲されてしまったという点である。「彼らは自分自身の努力不足のせいで「現代」から見放されたのだ」「彼らは経済的弱者だったから「底辺」になったのだ」——社会はそう理解した。

ここに至ってようやく国の政策や社会福祉による介入が見られるようになったが、改善の焦点もまた単純化され、曲解されていた。そこで打ち出されたのは、労働者の勤務態度の改善、経済的補助の付与、現代の職場に応じた新しい技能の訓練といった対策であり、それによって労働者を新自由主義が要請する人材／部品に適合するよう「向上」させ、経済的困難によってもたらされる生活上の苦境を「根本的に」解決しようとしたのである。皮肉なのは、このような帰属の錯誤[*1]に基づく言説が、労働者が構造的な失業状態から身を起こすのを助けようとしているかのように見えて、実際にはその構造を強化し、問題の原因を末端の個人に帰してしまっている点である。結局のところ、こうした方法では問題を解決できないばかりか、逆に問題の焦点を曖昧化し、ずらしてしまうだけだった。

したがって、この間の基隆の歴史は、政治経済的パワーが港湾労働者同士の関係性を急速に定義しなおし、さらには現地の文化と一体となって労働者の感情文化を突き崩していった過程であり、なにより労働者自身が自己や世界に対する見方をつくり変えられていく過程であった。最初に、政治経済の複雑な変化が、目に見える形で彼らを社会の底辺へ押し込め、続いて文化が、目には見えない形で、彼らの内面的な感情を沈黙の内に閉じ込めてしまったのである。

国際コンテナ船がグローバルサプライチェーンに乗って到来し、やがて基隆港を去るまでのあいだ、この地にかりそめの経済的繁栄がもたらされた以外に、それらが現地社会と交錯する歴史的過程において、どのような作用が生じ、どのようなことが促されたのだろうか。コンテナ船が来なくなったあと、現地社会には何が残されたのだろう？　薄弱な「経済決定論」——たとえば、コンテナ船の減少によって失業者数が急増し、それにともなっておのずと彼らの苦難がエスカレーションした、というような議論は、彼らにとっての苦難の形成要因を判別できないことに起因して生じるものなのだろうか、あるいは意図的に原因の所在を単純化しているのだろうか。

彼らの苦難の形態はどのようなものだろう？　苦難は、その人の自己定義に作用するのだろうか。労働者が自分を卑下するとき、それはどのような生の経験の表れなのだろう？　労働は個人にとって、報酬を得る手段以上の意味をもたないのだろうか。労働者たちが「俺たち」から引き剝がされ「俺」になったとき、もしそれが選び取った独立ではなく望まぬ孤立であったならば、それははたしてどのような人生の境遇であっただろう？　いま、この基隆という港街が厚遇しようとしているのは誰なのか。「底辺」にある労働者でないなら、ホワイトカラー、あるいは中産階級だろうか。新自由主義によって与えられる自由とは、いったい誰にとっての自由なのだろう？

■「彼ら」と「私たち」

一般社会の肉体労働者に対する想像は、だいたいが就業率、失業率、給与額、生活水準といった経済統計のデータや、文字や映像で描かれた労働者の典型に基づいている。そして、これらがあいまって生み出す「きつい、苦しい、底辺」というイメージは、いわばローテクで、つらい肉体労働を賃金に換え、貧しく単調な生活を送っているという労働者像を表している。そこには必然的に労働者への同情が含まれているが、同時に、思いこみに基づく物語《ナラティブ》も存在している。その物語では、肉体労働者は特殊で、社会の主流層や中産・エリート階級とは異なるものとして想像／認定されている。彼らは貧しいはずれ者とみなされ、その緻密で豊かな、文化的意味の充満した生の世界は曲解される。彼らが「底辺」状態に置かれていることは、経済市場において不利な肉体労働者の労働条件のせいにされている。

このような過剰なまでに単純化された見方では、グローバルな政治経済的パワーによって構築された時代的背景を看過するばかりで、そこで生じた社会史的な作用が決定的に見落とされている。港湾労働者に特有な社会生活や文化的環境を、その歴史性を無視した形で、無差別的に労働者一般の特徴に還元しているのである。この労働者集団の社会的没落や苦境は、最終的に、あたかも自明なことであるかのごとく無価値なものと論断され、歴史の暗渠に弾き込まれてしまった。

表面的に見れば、基隆埠頭の肉体労働者たちは、たしかに「現代」においてもはや必要とされていない存在であるように思われる。だが、より正確に言うならば、彼らはこの時代においてたまたま経済市場に接続され、しかるのちに切断される対象になっただけであって、それは新自由主義の「理性」がもたらした過程であり、その必然的帰結であった。そこに、グローバリゼーションの政治経済的ロジックと現地の文化が結びついて、男性労働者たちの苦境をさらに深く掘り進め、彼らを集団的に八方塞がりの境遇へと追いやったのである。高止まりの状態にあった二〇〇〇年代初頭の基隆市の男性自殺率は、グローバルな政治経済システムと国家（政府）、現地の文化が一体となって生み出した社会の変化に直面して、港湾労働者たちが沈黙のうちに選び取ったのが「決然と世を去る」という行動であったことを、部分的に照らし出すものだったのかもしれない。皮肉なことに、彼らのこうした行動は社会的衝突を回避させ、新たな舞台の完成を後押しした。そして、接続と切断をくりかえす変動的過程における一時的な安定をつなぎとめたのである。

基隆の港街は台湾、そして世界各地の地域社会の縮図であり、新自由主義のもとで必然的におとずれる苦境を映し出している。埠頭の荷役労働者たちの次はトレーラー運転手であり、その次に中産階級が消失し、それからもさらに多くの「次」がありうる。このように労働者が順繰りに構造的な失業に追いやられることは、グローバルサプライチェーンがその時々におのおのの地域を出入りした結果にすぎない。基隆と台湾のその他の地域との違いは、ただ歴史的時系列における順番の違いにすぎないのである。グローバリゼーションの時代において、港湾労働者の身に起こった物語は、一回きりの偶発的で特殊な出来事というわけではない。このような物語は、歴史上の別の時点において、同じではなくとも似通った形で、たえず生み出されつづけるのである。

今日の台湾では、どの地域もみな驚くほどにこぞって観光化へと邁進している。政府の役人はみずからの頭で深く考えることを放棄し、いまや完全に新自由主義の論理の周りをぐるぐると旋回している。表舞台に上がるのはいつも何かしらの新興のグループであり、彼らが歴史の舞台の上で一瞬のきらめきをみせたあとには、「接続」に続く第二ラウンド「切断」において集団的に舞台から引きずり降ろされる結末が待ちかまえている。港湾労働者が一九七〇、八〇年代において、底辺へ落ち込む直前に迎えた華々しい時代がそうであったように、かりそめの繁栄は、新自由主義が世界各地でくりかえし再演している残酷な演目を覆い隠してしまう。

このような演目や結末はバッドエンドであるかのように見えて、その実、基隆の過去と現在はまた別の歴史的展開の可能性を指し示している。つまり、仮にグローバル経済市場が何らかの危機をもたらしたとしても、国家（政府）や現地社会の文化のあり方によって、その災厄の程度を制御できるはずだ、ということである。さらに言えば、危機の根幹をなすメカニズムを転換できるかどうかの鍵を握るのも、彼らである。グローバルサプライチェーンや新自由主義が現地社会に影響力をもちえたのは、部分的にはたしかに、外来の政治経済的パワーが侵入したことによるものである。しかしそれがどのような形で侵入し、どのような影響を生み出すのか、またその影響の程度の如何は、ひとえに国家やそれぞれの地域の文化的・社会的環境にかかっている。

グローバリゼーションは、いままさに世界中を席巻している。そのなかで、地域社会は常に世界との遭遇の可能性にさらされている。しかし、地域社会に内在する文化は、まさに一本の水路のように、グローバリゼーションがどのようにしてその社会に流れ込んでくるのかを決めることができる。国家や、そのなかに身を置くアクターは、こうした宿命を引き受ける側であると同時に、みずからの考えをもってアクションを起こす行動主体ともなりうるのである。そのような能動的主体であれば、資本主義によって定められた「現代」や「発展」の行進にただただ追従し、グローバル経済市場のロジックに宿命的に服従するようなことにはならないだろう。むしろ逆に、そうした主体には、新自由主義下の政治経済的な価値観や文化からいかにして独立し、グローバルサプライチェーンが引き揚げていったあとをどのように引き継ぎ、「接続」と「切断」の必然的帰結をどう書き換えるのかを決めることができるのである。

しかしアクターが、そこにおいて文化が演じている役割の本質をとらえ、より大きな視点から全体を見渡して検証し、それによって舞台／枠組み／価値・信念から脱け出すことができなければ、新自由主義によって貫かれたこの世界において、基隆埠頭の男性労働者たちが身を以て示した生の境遇は、絶対的多数の人々にとっての未来を予告するものとなるであろう。

かつて、あの煌々とした埠頭で、肉体労働者たちは、その渦中にありつつも自分たちでは気づかないままに変化を強いられた。そして、国際貨物船が基隆を離れてから何年も経ったいま、彼らの往時の生の世界は、年老いた苦力《クーリー》の胸奥に人知れず存在し、そのすべてが静寂の内に包まれている。

だが、同情され、憐《あわ》れまれていたあの人々は、本当は誰だったのだろう？　そして将来的に、それは誰でありうるのだろう？

原注

（1）「ピエン・ボー・リエン」（變無撚、piàn-bô-liân）とは、台湾語で、繰り出せる手管が尽きてしまい、体裁を取り繕えなくなることを意味する。

訳注

＊1　帰属の錯誤とは、認知バイアスの一種で、個人の行動を解釈する際、状況要因による影響評価を最小化する一方、気質要因の影響評価を必要以上に最大化することをいう。

エピローグ　無数の「清水《チンシュェイ》の奥さん」と「李正徳」に宛てて

二〇一〇年十二月、西岸二十六番埠頭外の坂道に面した一軒の家。清水《チンシュェイ》の奥さんは、一時間ちょっと前に、林清水《リンチンシュェイ》が体を洗うのを手伝ってから、魚肉を入れて煮こんだきのこ粥を夫に食べさせたところである。彼女は夫を支えながらリビングにある彼専用の大きな籐《とう》の椅子まで連れていき、自分は傍らのソファーに腰を下ろした。テレビからは、いま流行りの歌謡コンテスト番組が流れている。これが、彼女にとっての一週間で一番の楽しみであった。清水の奥さんは歌を歌うのが好きで、若い頃は一、二回聞いただけでその曲の歌詞やメロディーを全部覚えられたという。年をとってからは、とりわけ夫が脳卒中で入院していたときには、彼女は屋台の仕事をこなしながら病院へ通い、病室でベッドに横たわる夫にいつも歌って聞かせてやっていた。そして早朝にひとり焼売の皮をこねているときも、彼女は歌って自分を励ます。時折、悲しい歌を歌うときには、こっそり涙を流したりもする。

　夜八時過ぎ、その日の朝に売れ残った焼売の餡にキャベツを加えて炒めたものをおかずに、ひとり夕食をとっていた清水の奥さんは、テレビの画面を見ながら、真剣な顔つきで言った。「今日の参加者はすごく上手ねえ。」そしていつものように澄んだ声で、徐々に口をきけなくなってきた夫にほほえみかけながら訊ねた。「あなた、上手だって思わない？　どう？」彼女は傍らの老人の膝を右手で軽くたたく。それからふり返って、まるで孫の年頃の子どものようないたずらっぽい表情で私に言った。「むかしはね、この人、ぜんぜんうちへ帰ってこなかったのよ。いつも茶屋で女の尻を追っかけまわしてばかり。もうそんなこと、できないわね。」

　番組が最後の演目である台湾語歌謡のコンテストにさしかかった頃、林《リン》夫婦の家から歩いて十分ほどのところにある、やはり道沿いに建つ平屋では、李正徳と妻の華容《ホワロン》が肩を並べてリビングの二人掛けのソファーに座っていた。テーブルの上にはまだ食器が並べられたままで、李正徳のあのいつもの米酒《ミージョウ》も置いてある。彼はニュースを見ていた。しばらくすると妻が席を立とうとした。

「どこ行くんだ？」李正徳が訊ねると、妻はソファーから体を起こして言った。

「寝室へ行くのよ。」すると李正徳は妻の肩をそっとおさえて、

「座ってろよ。」

「一緒にいろっていうの？　でも、私がいるからって、テレビがおもしろくなるわけでもないでしょ？」
「いや、少なくとも、気分がいいだろ。」

明け方や夕方のにぎやかな港の前の街道は、常に静かな埠頭や西岸と対照をなしている。私はこの本のプロローグで、埠頭の男たちが行くところならどこでもついていったと書いたが、実際に私が行ったのは、この街のごく限られた場所にすぎなかった。私がインタビューをしたり関与観察をおこなったりしたのは、たいてい彼らの仕事中か、仕事待ちの時間であった。場所についていえば、埠頭や控室を除けば、行ったのは屋台や何人かのインフォーマントの家くらいで、あとは茶屋へ二回行っただけである。

二〇〇九年から二〇一〇年にかけて、私はこの街を八か月あまりにわたって歩きまわった。けれどこの街は、あまり自分に関わりのある場所のようには感じられなかった。それは、基隆の街が港湾労働者にとってだんだんとよそよそしいものとなっていったことと似ていたのかもしれない。港湾労働者たちが足を運ぶごく限られた場所——東西の埠頭、簡素な造りの控室、屋台や食堂だけが、私や彼らをこの街と結びつけるものであった。

基隆を思い返すとき、私の脳裏に浮かぶのは街の風景や観光地ではなく、ただ静寂をたたえたその表情のみである。二〇〇九年以降も、私は基隆ではない場所を駆けまわっている。それはひとえに、あのときに生まれたフィールド魂がたえず私を呼ぶ声に応えるためである。

基隆港関連年表

年	
1626	スペイン人が基隆の和平島にサンサルバドル城を築く。
1642	オランダ人がサンサルバドル城を占領。
1668	和平島にいたオランダ人が鄭氏政権によって追い出される。
1854	日本から帰国途上のペリーが基隆へ寄港。
1863	雞籠が淡水港の支港として開港し、税関が設置される。
1875	雞籠が基隆と改称。
1884	清仏戦争（～1885年）。基隆も攻撃を受ける。
1895	日本軍が台湾を占領。
1899	基隆築港工事が始まる（1944年まで全五期にわたる工事）。
1943	台湾総督府交通局基隆出張所、台北州港務部、基隆税関の三組織が合併して基隆港務局となる。
1945	日本の敗戦により、中華民国政府が台湾を接収。 基隆港務局が台湾省政府交通処の管轄下に入る（港務だけを管轄）。税関機能は財政部台北税関へ、船舶運航の管理は交通処航務管理局へそれぞれ移管。 「五十公司」が成立。
1946	基隆市港湾荷役労働組合が成立。
1947	二二八事件。

1949	基隆市埠頭運送業労働組合が成立。
1956	4月、アメリカでマルコム・マクレーンが最初のコンテナ船「Ideal-X」を実用化。 基隆港務局と埠頭運送業労働組合の合弁事業として荷役スタッフ養成講座が始まる。
1957	マクレーンが最初の定期コンテナ航路をニューヨーク・フロリダ間で開航。
1960	アメリカ西海岸の港湾労働組合と船主団体とのあいだで「近代化・機械化協定」が成立。
1965	アメリカ北大西洋岸の一部主要港の港湾労働組合と船主団体とのあいだで「年間所得保障」の協定が成立。
1966	USライン社、シーランド社などが相次いでコンテナ船の大西洋航路を就航。
1967	5月、台湾へ初めてのコンテナ船が高雄港へ来航。 9月、マトソン社がアメリカ西海岸と日本を結ぶ定期コンテナ輸送を開始。
1968	4月、台湾政府交通部が「貨櫃化運輸研究發展小組」（コンテナ化運輸研究発展ワーキンググループ）を設置。同年12月には「推行貨櫃化運輸計畫方案」（コンテナ化運輸推進プラン）を策定。 9月、張榮發が長榮海運公司を設立。
1969	高雄港で最初のコンテナ埠頭の運用を開始。 8月、シーランド社のフルコンテナ船が基隆港へ初めて来航。 11月、中国航運が台湾で最初のコンテナ船「東方神駒」号を高雄港から出航させる。 11月、交通部の指導下で「中國貨櫃運輸股份有限公司」が成立。

1972	基隆港第一コンテナ・センターが運用を開始。
1975	7月、長榮海運が台湾で最初のコンテナ船定期航路をアメリカ東海岸との間で開航。
1976	萬海航運がコンテナ船事業を開始。
1978	陽明海運（招商局を前身とする国営企業）がコンテナ船事業を開始。
1984	7月、長榮海運が初めて世界一周双方向フルコンテナ定期航路を開航。基隆港のコンテナ取扱量が世界第七位となる。
1985	長榮海運が世界最大のコンテナ海運会社となる。
1993	台北港の築港開始。
1996	陽明海運の民営化。
1997	香港の麗星郵輪（スタークルーズ）が基隆―沖縄間でクルーズ客船の定期航路を開航。
1998	12月、台湾省政府解体に伴い、基隆港務局は中央政府交通部の管轄下に入る。
1999	1月、基隆港務局が荷役業務の民間委託を開始。
2009	台北港が正式に運用開始。
2012	3月、台湾各港の民営化により台湾港務公司が成立。基隆港はその子会社（基隆港務分公司）となる。

（訳者作成）

参考文献

〈日本語文献〉

張榮發『張榮發自伝』（中央公論社、一九九九年）

〈中国語文献〉

戴寶村『近代台灣海運發展：戎客船到長榮巨舶』（台北：玉山社、二〇〇〇年）

陳世一『基隆港、市與相關行業：百年發展的歷程』（基隆：基隆市臺灣頭文化協會、二〇一一年）

王御風『波瀾壯闊：台灣貨櫃運輸史』（台北：遠見天下文化出版、二〇一六年）

李欽賢『港町人文漫步：基隆城市之推移』（基隆：基隆市文化局、二〇一六年）

臺灣港務股份有限公司 基隆港務分公司「基隆港介紹」https://kl.twport.com.tw/chinese/cp.aspx?n=735ECE30DD173FBC（最終アクセス：二〇二一年十月三十日）

蔡昇璋「臺灣貨櫃運輸新發展（一九六〇—一九八〇年代）」『瑰寶』（國家發展委員會檔案管理局）第一五〇号（二〇二〇年一月）https://www.archives.gov.tw/ALohas/ALohasColumn.aspx?c=2045（最終アクセス：二〇二一年十月三十日）

訳者解題

本書の著者・魏明毅の本職は心理カウンセラーである。精力的にカウンセリングに臨む日々のなかで、どれほど面談を重ねてもクライアントが増えつづける状況に、著者は限界を感じるようになる。一人ひとりのクライアントに向き合うだけでなく、そもそも彼／彼女に心理的な葛藤を引き起こす社会の構造的問題のほうに目を向ける必要があるのではないか。そう考えた著者は、仕事を辞めて大学院に入り直し、新たに人類学を学びはじめる。台湾北部の港湾都市・基隆《キールン》をフィールドとして、現地の埠頭労働者を対象に二〇〇九年から二〇一〇年にかけてフィールドワークをおこない、民族誌的な手法で書き上げたのが本書『静かな基隆港』（原書『静寂工人：碼頭的日與夜』台北：游撃文化）である。[1] 二〇一六年に上梓されると、丹念な聞き取りによって港湾労働者たちの経験を再構成し、社会の主流から置き去りにされた人々の生を語り出した書として評価され、翌年には台湾で最も栄誉ある文学賞とされる金鼎獎（第四十一回）および台北国際ブックフェア大獎（非小説部門）を受賞した。また昨年には、本書を書き終えて再びカウンセラーの仕事に戻ってからの経験や思索を綴ったエッセイ『受苦的倒影：一個苦難工作者的田野備忘錄』（台北：春山出版、二〇二三年）を出版し、Openbook 好書獎「年度生活書」を受賞している。

1　基隆港湾労働現場の文化的特殊性——「ガウ」と「仲間文化」

もともと台湾中部の山間部に位置する南投県で働いていた著者にとって、基隆はまったく馴染みのない街であった。それにもかかわらず、なぜ基隆をフィールドに選んだのか？　その理由の一つは、この港街における男性自殺率の高さであった。台湾全土で見ても突出しているその数字の背景にはどういった事情があるのか？　そうした問題意識を抱えてフィールドに足を踏み入れた著者は、調査を進めるうちに、基隆の港湾労働者に特有の感情的ネットワークと、土地の文化に内在する強力な性規範の存在を徐々に察知していく。

本書の民族誌としての特色は、港湾労働者たちの行動を動機づける文化的要因として、現地社会に特有の「ガウ」(gâu) という価値観を析出した点にある。ここでいう「文化」とは人類学的な概念で、ある集団において後天的に構築された価値観の体系として解される。「ガウ」は台湾語で「能力がある」という意味で、そうした能力を持ち合わせた者を「ガウ・ラン」(gâu lâng) という（本訳書では「できるやつ」と訳した）。つまり、男としての頼もしさに自己肯定感を求める、一種の男性優位主義的な価値観である。港湾という男社会で生きる労働者たちのあいだでは、この「ガウ」をいかに誇示するかが競われていた。

こうした労働者の大半は故郷を離れて基隆へ流れ込んできた「よそ者」であり、必ずしも地元社会に根差した人間関係を持っているわけではなかった。現地の一般的な市民生活とは隔絶した港湾という場所に留まり、昼夜を問わず働く彼らにとって、社交の場となったのが「茶屋」であった。(2)「茶屋」（原語：茶館）とは、台湾社会においては一般的には字義通り「お茶を飲む場所」をいうが、さまざまなタイプがあり、本書においては基本的に女性従業員がサービスをおこなう業態の店を指している（日本におけるスナックやキャバクラに近い）。

労働者たちは、二十四時間体制で船の入港に備える待ち時間や終業後に連れ立って茶屋に通い、人間関係を広げていった。茶屋で男たちを迎えるホステス（阿姨《アーイー》）と労働者たちとの関係性は、当初は金銭を介した店と顧客の関係にすぎなかったが、付き合いを積み重ねていくうちに独特の仲間意識が芽生えていった。港湾労働者とその同僚、阿姨《アーイー》の三者のあいだに築かれたこうした感情的な結びつきを、著者は「仲間文化」（原語：伴文化）と呼ぶ。こうした人間関係が彼らの社会生活にとってかけがえのない基盤となっていたさまが、一書をとおして描かれている。

「ガウ」であること、つまり「男らしさ」を求める現地社会の文化と、港湾労働者の特殊な労働形態やバックグラウンドによって生み出された「仲間文化」。著者はこの二つを分析軸として、国際観光都市へと変貌を遂げつつあるこの街のはでやかな現状とは裏腹に、自殺を選び取る男性たちの心理について、理解を試みていく。

2 基隆港湾の歴史

本書の舞台となる基隆という街について、その名を耳にしたことのある読者は少なくないかもしれないが、やはり説明しておく必要があるだろう。以下では、歴史的背景に目配りをしつつ、港湾労働にかかわる部分に重点を置いてその変遷を概観していこう。

「基隆」と聞けば、台湾の人々はみな雨を連想するという。台湾北東部の海岸線沿い、海が陸地に深く入り込んだ部分に、基隆は位置している。三方を山に囲まれ、居住に適した平地は少ない。十月から四月にかけて北東から吹き込む季節風が、南から北へと流れる黒潮とぶつかり合って雨雲を発生させ、これが基隆を囲む山々に遮られて、この街に雨を降らせる。年間二百日以上は雨天であるといわれ、それゆえ基隆は「雨都」「雨港」の別称をもつ。降雨により屋外での活動が制限されるうえ、屋内の空間にも限りがあるため、人々は密集して生活している。こうした生活環境は、この土地で暮らす人々にも当然影響を及ぼす。こうした基隆の気候的特性を念頭に置くことが、まずは本書を読むにあたっての前提となるだろう。

基隆は旧称を「鶏籠《ジーロン》」といい、天然の良港として古くから重視されてきた。港の開発に牽引される形で、この街は発展してきたのである。十七世紀以降、スペイン人やオランダ人が拠点を築いたこともあったが、清朝統治下の一八六三年に開港地となった。台湾巡撫として赴任した劉銘傳は近代化政策を試みるなか、この港の重要性に着目して築港工事を開始した。

港湾建設が本格化したのは、その後の日本の植民地統治下においてであった。日清戦争を経て、一八九五年に台湾が清から日本へ割譲されると、同年五月末には台湾接収のために派遣された日本軍が台湾北東部から上陸、まず基隆を占領した。六月五日には初代台湾総督・樺山資紀《かばやますけのり》が基隆に上陸し、基隆税関の建物に臨時の台湾総督府を置いた（同月十四日の台北入城まで）。その後、基隆は門司や神戸などとのあいだを定期航路で結ばれ、日本側に向けた玄関口としての顔をもつようになる。

現在の基隆港の基本的な景観は、この頃に形成されたものである。[3]

日本の台湾接収に伴い、多数の軍夫（軍隊に属して雑役をする者）が軍隊とともに来台した。つまり、当時の基隆港では、日本人労働者と現地人労働者とが入り混じって荷役に従事していたのである。台湾総督府はこれらの労働者の一元管理を考えていたが、実際には現地人労働者の監督に困難を来したため、「本島人苦力頭及苦力業者取締規則」（台北県令第二十七号、明治三十三年十月）等を制定し、現地人を日本人とは区別して管理することとした。こうした規則には主に二つの目的があった。第一に、現地人労働者の管理監督を現地人の親方（苦力頭）に任せること。第二に、公共事業を円滑に進めるため、ストライキを防止し、賃金を抑制することである。[4]

この時点で、日本の統治者がすでに台湾の現地人労働者を「苦力《クーリー》」と表現していたことに注意されたい。「苦力」とは低賃金の未熟練労働者のことだが、海外へ渡った移民労働者を指す場合もあり、とりわけアヘン戦争（一八四〇—四二年）後の苦力貿易が世界史的に注目される。[5] クーリー（coolie）の語源には諸説あるが、一説ではヒンディー語やタミル語に語源が求められ、イギリス人がインド人未熟練労働者をクーリーと呼んでいたところ、それに漢字で「苦力」とあてられたとも言われている。[6] 台湾社会ではもともと「苦力」という語は使われておらず、かつてこうした肉体労働者は台湾語で「箍絡《コオロッ》」（khoo-lóh）と呼ばれていた。箍絡とは竹の天秤棒のことで、転じて荷物を担ぐ労働者を指すようになった。日本が台湾を領有した当初、通訳がこれを「苦力」と訳して、そのまま定着したと言われている。当時、日本人の港湾労働者は慣行的に「仲仕」と呼ばれたが、台湾現地労働者に対してはこれと区別する形で「苦力」という呼称が用いられた。[7] つまり、これらの呼称は、エスニシティーの差異を示す標識としても機能し、日本の統治者による管理に役立てられていたと考えられる。この呼称は、戦後も基隆埠頭の労働者のあいだに残りつづけ、本書に登場する港湾労働者もまた「苦力」と呼ばれている（四七頁、第2章原注1を参照）。

一九四五年、日本の敗戦によって植民地統治が終わると、台湾は今度は中華民国に接収されることとなった。日本統治時代における基隆の港湾労働では、上述のとおり、主に「苦力頭」の請負で人集めがおこなわれていた。戦後、新来の統治者には現場の慣行を把握できなかったため、港湾労働者の管理はこうした現場の有力者たちに丸投げされた。これに加え、当時の基隆港務局は財務問題を抱えており、労働者への賃金の支払いについても現場有力者に協力（つまりは立替払い）を要請せざるをえなかった。基隆港の五十人の有力者（おそらくその大半は日本時代の「苦力頭」であったと考えられる）がこれに応じて結集し、協力したことから、彼らは「五十公司」と通称され（四九頁）、これを元にしてのちの労働組合が組織されていくのである。(8) 本書で描かれるのは、これ以後の時代の基隆港である。

3 国際海運業の変化と基隆港／港湾労働者の盛衰

本書では、戦後における基隆の港湾労働者の境遇について、次の三つの段階に分けて叙述している。第一に一九六〇年代までの「苦力《クーリー》の時代」、第二に一九七〇年代から九〇年代にかけての「工《カン》人頭家《ランタウケー》」の時代、第三に九〇年代末以降の「底辺の時代」である。

第一段階の「苦力《クーリー》の時代」は、読んで字のごとく、労働者が「つらい肉体労働」を担った時代である。ところが、台湾が国際海運業の変化に巻き込まれたことで、港湾労働そのものが大きく変化していくこととなる。

従来、貨物の海上輸送では、トラックや列車で運んだ荷物を港に集め、それらを一つひとつ船に積み替える必要があった。これを劇的に変化させたのが、コンテナ輸送の導入である。アメリカでトラック事業を営んでいたマルコム・マクリーンが、トラックのシャーシと荷台部分とを分離し、荷台部分を大きな箱（コンテナ）にして、箱ごと船に積み込む方法を考案した。それによって陸運と海運を結びつけるシステムを構築し、事業化したところにマクリーンの独創があった[9]。

貨物の積み替えにはクレーンが用いられるようになった。こうした荷役作業の機械化によって、手作業で荷物を積み卸しするコストは大幅に省かれていった。コンテナの利用は、運送時間を短縮できることに加えて、貨物の損傷事故や抜き荷の防止にも役立ち、損害保険料も節減できる。こうした一連の荷役の合理化は、裏を返せば、埠頭で重い荷物を担ぐ男たちの多くがいずれ必要でなくなることを意味していた（実際、コンテナ化がいち早く進んだアメリカでは、労働争議の末に、輸送会社による一定の生活保障と引き換えに、仲仕たちは港湾から徐々に姿を消していった）。

マクリーンは一九五六年四月、世界最初のコンテナ船「Ideal-X号」をニュージャージー州のニューアーク港からヒューストンまで運行させた。その後も紆余曲折を経ながら事業を拡大させ、一九六〇年にはみずからの会社をシーランド社と改称する。一九六六年には、USライン社、シーランド社などが相次いで大西洋においてコンテナ船の定期航路を開始した。

輸送のコンテナ化の特徴は規格化・標準化にある。巨額の初期投資さえクリアできれば新規参入は可能であるため、一九七〇年代にかけてコンテナ船は急速に全世界へ普及した。当初はコンテナとほかの貨物を一緒に搭載する混載船が中心であったが、そのメリットを最大化するため、やがてコンテナ輸送に特化したフルコンテナ船が主流となっていく。さらに、一度の航海でより多くの貨物を運送できればコスト減につながるため、コンテナ船は大型化していった。

台湾にコンテナ船が現れたのは一九六七年五月のことで、最初は高雄港へ来航した[10]。世界的なコンテナ化の趨勢を嗅ぎ取った台湾政府は、政策的措置を講じ、基隆港でいち早くコンテナ埠頭の建設に着手した（一九七二年運用開始）。前述のとおり、コンテナ化のポイントは海運と陸運の連結にあったが、台湾でも一九七一年から中山高速公路の建設が始まり、基隆から高雄までを繋いで国土を縦断する陸運網の整備が進められた（一九七八年に全通）。こうしたなか、台湾の海運会社も次々とコンテナ化を進め、一九八四年には基隆港のコンテナ取扱量は世界第七位となった。

台湾海運業の発展は基隆の街に大きな繁栄をもたらし、一九六〇年代末以降、港湾労働者の境遇も徐々に変化していった。こうしてもたらされたのが、第二段階の「工人頭家《カンランタウケー》」の時代（一九七〇―九〇年代）である。「工人頭家」とは、肉体労働者（「工人」）でありつつ、自身も人を雇って親方（「頭家」）のような立場になるという、二重の属性をもつ者を指す語である。一九七〇年代に荷役作業の機械化が一般化すると、港湾労働者たちの仕事は目に見えて減り、暇をもてあますようになった。しかし、労働組合が機能していたために、彼らの収入が減ることはなかった。こうした状況のなかで、労働者の一部が副業に流れ、同僚に代理で仕事を頼む者が出はじめる。そのような者たちを「工人頭家」と呼んだのである。

基隆の港湾労働者の「仲間文化」は、この金余りの時代に築かれた。労働者たちは茶屋や飲食店に入り浸り、おのれの男としての甲斐性（「ガウ」であること）を誇示しつつ、人間関係のネットワークを形成していった。また、この時代には、荷役に従事する肉体労働者とは別のタイプの労働者も基隆の港に引き寄せられてきた。陸上でコンテナを輸送するトレーラーの運転手である。業務のうえでは彼らのあいだにはほとんど交流がなかったものの、埠頭の外では運転手たちもまた「仲間文化」のネットワークに加わり、その一翼を担うようになっていく。こうして基隆は、「夜空までもが煌々とするほどににぎわっていた」（一二七頁）と表現される、極盛の時代を迎えるのである。

しかし、そのような繁栄を見せた港湾産業も、一九九〇年代に入ると陰りが見られるようになる。台湾内部の産業構造の変化によって貨物の引受量が減少したことに加え、経済規模を拡大させた中国をはじめとする東アジア各地の港に、ハブ港としての地位を奪われてしまったためである。[11] 一九九六年時点で六四・五四パーセントだった基隆港の港湾使用率は、二〇一二年になると三七・三二パーセントにまで落ち込んだ。こうした低迷に伴い、港湾関連産業に依存していた基隆全体の経済が必然的に衰退へ向かうこととなり、失業率が上昇して、台北市や新北市など近隣の大都市へ仕事を求めて流出する人が増えていった。こうした基隆の苦境について、都市計画研究者の張容瑛は、「基隆は一九八〇年代までは港湾経済に、一九九〇年代には台北都市圏に、二〇〇〇年代からは国家財政による補助金に依存してきた」と整理している。[12]

衰退のしわ寄せを直接的に被ったのは、本書に登場する埠頭労働者たちであった。第三段階「底辺の時代」の到来である。一九九九年に荷役作業が民営化されると、労働組合によって保護されていた労働者たちは、たちまち「コスト削減」の対象となった。同時に、コンテナ海運業界自体が熾烈な国際競争にさらされていたために、失業を免れたコンテナ業務の作業員やトレーラー運転手たちの人件費も切り下げられていった。港湾労働者の失業や減収は、おのずと埠頭周辺の商業の繁栄をも掘り崩し、「仲間文化」はその足場を失って、やがて消失していった。職や居場所を失った男たちは、やむを得ず、長らく留守にしていた家庭に戻ることとなる。しかし、彼らの家族との信頼関係はとっくの昔に崩壊しており、男たちはもはやそこに夫／父親としての居場所はないという現実に気付かされるのである。

4「彼らは私たちである」——新自由主義を乗り越える視点

こうした港湾労働者たちの来歴を知った読者のなかには、「自業自得だ」と感じる人もいるかもしれない。実際、本書に登場する港湾労働者たちも、みずからの身に起こった事態をうまく理解できないまま、凋落の原因を自身の能力（「ガウ」）の欠如に求めている（一六七頁）。しかし著者は決してそのような見方を採らない。

港湾労働者の身に起こった人間関係の段階的な喪失や、それぞれの場における声の喪失は、この地において誰の目にも明白でありながら顧みられることのない社会的事実となった。こうした事実が黙殺されたのは、一つには、これらの労働者たちがもはや政治経済的パワーの関心の対象でなくなったためであるが、より重要なのは、新自由主義が文化的価値観と連動する形でこの地域に支配的な語り《ナラティブ》を生み出し、それによって一般社会の港湾労働者の現状に対する理解が単純化され歪曲されてしまったという点である。「彼らは自分自身の努力不足のせいで「現代」から見放されたのだ」「彼らは経済的弱者だったから「底辺」になったのだ」――社会はそう理解した。（一六九頁）

このように、著者は港湾労働者が完全に社会の底層に落ち込んでしまった原因を、社会的な理解や救済の欠如の問題として捉えている。そして、本書の結論にあたる第5章をとおして、「新自由主義」という観点から、港湾労働者の一連の時代経験への説明を試みる。新自由主義とは、デヴィッド・ハーヴェイによれば、企業活動の自由を確保するため制度的な再編成を進めるグローバルな政治経済的実践を指し、一九七〇年代以降に顕著となったとされる。[13]基隆港／港湾労働者をめぐる三つの時代の変遷は、新自由主義にもとづいて駆動するグローバルな経済活動の結果もたらされた、いわば必然的帰結であった。利潤の最大化を追求する資本主義の経済理性が、人間を疎外し、その人生を無責任に変容させていく。基隆の港湾労働者に起こった事態を、世界を覆う全体的な問題構造において説明することが、この章の主題となっている。

その際に著者が用いるのが、「接続」（connect）／「切断」（disconnect）の概念である。著者は本書の元となった修士論文で、ザンビアの銅鉱山を事例とした人類学者ジェームズ・ファーガソンの論文「グローバルな切断」（Global Disconnect）を参照している。[14]ファーガソンによれば、銅の採掘に利潤を見出したグローバル企業がザンビアの銅鉱山へ入り込み（「接続」）、それに伴って鉱山労働者が暮らす現地社会において産業化が進行した。だが、市場のニーズが後退すると、企業は突如として鉱山を退出する（「切断」）。こうした過程によって鉱山労働者の人生が振り回された問題を、ファーガソンは指摘したのであった。

著者もまた、グローバリゼーションが引き起こした摩擦の一環として、基隆港の半世紀を説明づける。「新自由主義」や「グローバリゼーション」といった概念も、こうした文脈において用いられ、批判的検討が加えられている。こうした視点が妥当であるか否かは、読者によって評価が分かれる部分だろう。こうしたタームの使い方そのものが、複雑な社会事象を単純化しすぎているという批判もあると考えられるからだ。しかし、そうした流儀の違いを超えて本書が台湾で評価されたのは、基隆の港湾労働者の境遇を、新自由主義のもとで世界のすべての地域／人間に起こりうる問題として説明し、これを新自由主義それ自体の克服ではなく、社会のあり方によって乗り越えるという能動的な解決の方向性を示したからであろう。

グローバリゼーションは、いままさに世界中を席巻している。そのなかで、地域社会は常に世界との遭遇の可能性にさらされている。しかし、地域社会に内在する文化は、まさに一本の水路のように、グローバリゼーションがどのようにしてその社会に流れ込んでくるのかを決めることができる。国家や、そのなかに身を置くアクターは、こうした宿命を引き受ける側であると同時に、みずからの考えをもってアクションを起こす行動主体ともなりうるのである。そのような能動的主体であれば、資本主義によって定められた「現代」や「発展」の行進にただただだ追従し、グローバル経済市場のロジックに宿命的に服従するようなことにはならないだろう。むしろ逆に、そうした主体には、新自由主義下の政治経済的な価値観や文化からいかにして独立し、グローバルサプライチェーンが引き揚げていったあとをどのように引き継ぎ、「接続」と「切断」の必然的帰結をどう書き換えるのかを決めることができるのである。（一七五頁）

著者は、新自由主義のロジックにひたすら追従しつづけた台湾の為政者を批判しながらも、しかし社会のレベルではそのロジックから距離を置き、その帰結に適切に対処することができれば、基隆の港湾労働者たちが選び取った自殺という選択肢を遠ざけることができるのではないかと主張する。そのような社会となるために人々に要請されるのは、港湾労働者が直面した困難がいつ自分の身に降りかかってもおかしくない、構造的な問題であるという理解であり、「彼らは私たちである」（第5章章題）というエンパシーである。

日本の読者にとって、本書に描かれる出来事は、きっと既視感のあるものだろう。日本においても新自由主義によって労働の形態や意味に変質が来されて久しく、そのもとで生じた格差や貧困は、解決を見るどころか、むしろ膠着化しつつあるからだ。打開の糸口はどこにあるのか？　迂回的に聞こえるかもしれないが、著者がいうように、私たちが社会的共同体としてどれだけ人間の尊厳を尊重することができるか、そういった根本的な価値観についてのコンセンサスを築くことにこそ、その端緒が求められるのかもしれない。日本の読者において、本書が海の向こうの「彼ら」物語としてでなく、ほかならぬ「私たち」の問題として読まれることを、訳者として願っている。

最後に、翻訳上の問題について簡単に触れておきたい。

台湾社会の言語事情は複雑である。最も話者の多い中国語と台湾語が日常においてしばしば混在して話される一方、中国語は公教育の言葉、台湾語は庶民生活の言葉というように、区別して捉えられることも多い。著者が注記しているとおり、基隆のフィールドワークにおいて、インフォーマントの多くは台湾語を話している。さらに、翻訳の過程で著者からご教示いただいたところによると、なかには著者を「知識人」とみなして、台湾語で話した後に、同じことをわざわざ中国語でいい直す人もいたという。こうした問題は、日本語の訳文にも多少の影響を及ぼしている。

本訳書では、固有名詞を中心とした一部の語について、そのコンテクストに特有のニュアンスがある場合には原語をそのまま用い、その発音を中国語ないし台湾語での読み方にもとづいてカタカナで表記している。その際どちらの読みを採るかについては、著者や台湾の知人に問い合わせたうえで、訳者が判断した。

一例を挙げると、「陽春麺《ヤンチュンミエン》（かけそば）」は中国語の発音に基づくルビであり、「鹹粥《キャムモエ》（台湾風雑炊）」のように、台湾語で発音されるのが一般的だと判断した場合には、台湾語の発音を示している。また、「工人頭家《カンランタウケー》」という語は、中国語「工人《ゴンレン》」（肉体労働者）と台湾語「頭家《タウケー》」（店の主人、親方）の複合した語であり、二つの言葉の発音体系は異なる。著者に問い合わせたところ、両方の語が台湾語で発音されていたということだったので、本訳書では台湾語の発音を採った。さらには、「テンプラ」（原語：甜不辣《ティエンプラー》）のように、語源としての日本語の発音を生かして表記したケースもある。

なお、台湾語の発音をカタカナ表記するにあたっては、まず台湾政府教育部が提供している「教育部臺灣台語常用詞辞典」(https://sutian.moe.edu.tw/zh-hant/)でアルファベットによる発音表記を確認し、それをカタカナ表記に改めるうえでは、村上嘉英『ニューエクスプレス台湾語』(白水社、二〇〇九年)を参考にした。

こうした言語的な複雑さからもうかがえるように、台湾社会は多面的な姿を持っており、それがまた魅力でもある。他方で、そうしたなかでも、基隆埠頭の男たちのように居場所を失ってしまった人々がいた。本書は彼らの声を聞き取ろうとした記録であり、ここからうかがえる社会の姿は、台湾に関心をもつ読者でも目の当たりにする機会はなかったであろう。本書によって日本における台湾理解に少しでも資するところがあれば、訳者として望外の喜びである。

本書の出版にあたっては、みすず書房編集部・松原理佳さんに大変お世話になった。ここに記して感謝を申し上げたい。

黒羽 夏彦

注

(1) 本書は、著者の魏明毅が二〇一二年に国立清華大学人類学研究所に提出した修士論文「基隆碼頭工人：貨船、情感及其社會生活」に基づき、一般読者を対象として大幅に改稿したうえで出版されたものである。

（2）台湾の「茶屋」については、柯得隆「萬華的茶桌仔與茶店仔」（李玫萱『茶室女人心：萬華紅燈區的故事』台北：游擊文化、二〇二三年、所収）を参照した。

（3）たとえば、現在の基隆港エリアを象徴する代表的な歴史建築のうち、陽明海洋文化芸術館は一九一五年竣工の旧日本郵船株式会社基隆支店を、海港大楼は一九三四年竣工の旧基隆港合同庁舎を利用したものである。

（4）「本島人苦力頭及苦力業者取締規則」の公布意図を説明した「理由書」が台湾総督府文書にあるので、これを参照した（「縣令告示告諭訓令内訓原議綴（元臺北縣）」（一九〇〇-〇一-〇一）「明治三十三年臺灣總督府公文類纂元臺北縣永久保存第八十二巻警察」『臺灣總督府檔案・舊縣公文類纂』、國史館臺灣文獻館、典藏號：〇〇〇〇九一七五〇〇一）。

（5）可児弘明『近代中国の苦力と「豬花」』（岩波書店、一九七九年）、六―七頁。

（6）可児弘明・斯波義信・游仲勳編『華僑・華人事典』（弘文堂、二〇〇二年）、二二一頁。

（7）福田要『台湾の資源と其経済的価値』（新高堂書店、一九二一年）、九〇頁。なお、「箍絡」という言い方は現在では使われない。かつては、「自分が仕事をしている」という意味で「箍絡」という場合には、へりくだる表現として用いられていたが、これを他者について使えば相手を侮蔑するような語感があったという（成功大学の陳梅卿教授よりご教示いただいた）。

（8）陳政一『基隆港、市與相關行業：百年發展的歷程』（基隆：基隆市臺灣頭文化協会、二〇一一年）、二六一―二六三頁。

（9）コンテナ海運の発展については、次の書籍を参考にした。高橋宏道『コンテナ輸送とコンテナ港湾』（技報堂出版、二〇〇四年）、マルク・レビンソン『コンテナ物語――世界を変えたのは「箱」の発明だった』（村井章子訳、日経BP社、二〇〇七年）。

（10）台湾におけるコンテナ海運業については次の書籍を参照した。張榮發『張榮發自伝』（中央公論社、一九九九年）、戴寶村『近代台灣海運發展：戎客船到長榮巨舶』（台北：玉山社、二〇〇〇年）、王御風『波瀾壯闊：台灣貨櫃運輸史』（台北：遠見天下文化出版、二〇一六年）。

（11）王克尹『基隆港貨櫃營運之創新管理研究』（台北：交通部運輸研究所、二〇一〇年）、第四章、一〇―一一頁。

（12）張容瑛「臺北都會區港口城市的困局――再生中的基隆？」（『地理學報』第七二期、二〇一四年三月）、一三―二一頁。

（13）デヴィッド・ハーヴェイ『新自由主義――その歴史的展開と現在』渡辺治監訳、森田成也・木下ちがや・大屋定晴・中村好孝訳、作品社、二〇〇七年。

（14）魏明毅、前掲論文、七頁。James G. Ferguson, Global Disconnect: Abjection and the Aftermath of Modernism, in *The Anthropology of Globalization*, Blackwell Publishing Ltd., 2002, pp. 136-156.

著者略歴

（ぎ・めいき, Wei Mingyi）

1971年，台湾生まれ．心理カウンセラー．長年にわたりソーシャルワーカーの指導に携わる．2008年，新たに人類学を学ぶため，仕事を辞め，清華大学人類学研究所へ入学．修士論文をもとに書き上げた本書で，台湾で最も栄誉ある文学賞とされる金鼎獎（第41回），2017年台北国際ブックフェア大獎（非小説部門）を受賞．2023年にはカウンセラーとしての日々を綴った《受苦的倒影：一個苦難工作者的田野備忘錄》（台北：春山出版，2023）でOpenbook好書獎「年度生活書」を受賞した．

訳者略歴

黒羽夏彦〈くろは・なつひこ〉 1974年生まれ．慶應義塾大学文学部卒業．出版社勤務を経て，2014年より台南市在住．現在，国立成功大学大学院歴史学研究科博士課程在籍．南台科技大学応用日本語学科非常勤講師．専門は台湾史．共著に『台湾を知るための72章』（赤松美和子・若松大祐編，明石書店，2022）．

魏明毅
静かな基隆港
埠頭労働者たちの昼と夜
黒羽夏彦訳

2024年11月18日　第1刷発行

発行所 株式会社 みすず書房
〒113-0033 東京都文京区本郷2丁目20-7
電話 03-3814-0131(営業) 03-3815-9181(編集)
www.msz.co.jp

本文印刷所 精興社
扉・表紙・カバー印刷所 リヒトプランニング
製本所 松岳社
装丁 大倉真一郎

ISBN 978-4-622-09729-7
［しずかなキールンこう］